Niebla inexplorada

Juan de la Cuesta
Hispanic Monographs

FOUNDING EDITOR
Tom Lathrop
University of Delaware

EDITOR
Alexander R. Selimov
University of Delaware

EDITORIAL BOARD
Samuel G. Armistead
University of California, Davis

Annette G. Cash
Georgia State University

Alan Deyermond
Queen Mary and Westfield College of the University of London

Daniel Eisenberg
Regents College

John E. Keller
University of Kentucky

Steven D. Kirby
Eastern Michigan University

Joel Rini
University of Virginia

Donna M. Rogers
Middlebury College

Noël Valis
Yale University

Amy Williamsen
University of Arizona

Niebla inexplorada:
Midiendo intersticios en el
maravilloso texto de Unamuno

por

THOMAS R. FRANZ

Juan de la Cuesta
Newark, Delaware

Copyright © 2003 by Juan de la Cuesta—Hispanic Monographs
270 Indian Road
Newark, Delaware 19711
(302) 453-8695
Fax: (302) 453-8601
www.JuandelaCuesta.com

MANUFACTURED IN THE UNITED STATES OF AMERICA

ISBN: 1-58871-035-1

Para EMILIA ALONSO MARKS, cuya atención a mi estilo y estructura me ha ayudado a transmutar en algo más digno lo que era todavía, en mi mejor castellano, metal de baja ley.

Para JEFF MARKS, cuyo ánimo, amistad y amor a las ideas siempre producen una atmósfera en la cual escribir no es sólo un placer sino una emoción.

Índice

Reconocimiento 9

Introducción 11

I   *Niebla* como nueva visión de
       Fortunata y Jacinta 17

II   *Bodas de sangre* y *Niebla*:
       Lorca y Unamuno 35

III   El discurso de clases en *Niebla* 49

IV   Los misteriosos planes de viajar en *Niebla* 77

V   *Niebla* y Strindberg 97

VI   *Niebla*, o el mundo
       como la Bolsa 113

VII   Posibilidades y límites de una
       interpretación polifónico-autorreflexiva
       de *Niebla* 125

VIII   El *Pygmalion* de Shaw y
       los motivos y fechas de *Niebla* 137

IX   El manuscrito de *Niebla* 155

         Confluencia de perspectivas
         (en lugar de conclusiones) 167

         Obras citadas 173

Reconocimiento

ALGUNOS CAPÍTULOS DE ESTE libro ya vieron luz en otra forma. El capítulo II se leyó en forma abreviada en la Universidad de Salamanca durante las IV Jornadas Unamunianas, el 18-20 de octubre de 2001. El capítulo III apareció en forma levemente distinta en *Revista de Estudios Hispánicos*, año XXIX, número 3 (1995), pp. 521-39, bajo el título "The Discourse of Class in *Niebla*." El capítulo IV apareció en forma diferente en *Hispanic Journal*, año XX, número 1 (1999), pp. 81-95, con el título "Augusto's Mysterious Travel Plans in *Niebla*." Agradezco el generoso permiso otorgado por los editores de estas dos revistas, Randolph D. Pope y David A. Foltz, para incluir aquí una versión corregida de lo que tuvieron a bien publicar hace algunos años.

También quisiera constatar la *sempiterna* cooperación de Ana Chaguaceda Toledano, Archivista de la Casa-Museo Unamuno, que, con su personal siempre dedicado y animador, me ha permitido estudiar tanto el autógrafo de *Niebla* como los otros títulos y cartas en la colección de Unamuno que he solicitado en mis visitas a Salamanca. Le agradezco sobre todo el permiso que se me ha conseguido para citar algunas frases que aparecen sólo en el autógrafo de *Niebla* que se conserva en la Casa-Museo Unamuno.

Por último, me dirijo a Miguel de Unamuno Adarraga cuya generosidad me ha permitido citar—a veces de manera dilatada—la incomparable *nivola* de su abuelo.

Introduccion

CUANTO MÁS SE ESCRIBE sobre *Niebla* (1914), la gran *nivola* de Unamuno, más parecen inagotables tanto sus relaciones con otros textos como su propia predilección para inspirar nuevas interpretaciones. Esta inagotabilidad del texto debe algo, seguramente, a la prole incontrolada de la industria de la teoría literaria, pero es más que nada producto de la riqueza de posibilidades que, primero, Unamuno y, luego, otros autores—escribiendo antes y después de don Miguel—le han conferido. Cuanto más nos aventuramos en los muchos rincones todavía no iluminados de este texto y cuanto más percibimos detalladas relaciones entre *Niebla* y otras obras, salen a la vista más contextos que han de potenciar nuestra veta interpretativa.

El libro actual se ofrece como un modesto intento de esclarecer algunas áreas de *Niebla* que todavía no han recibido la debida atención o que no han recibido atención alguna. Entre estas áreas están la estrechísima relación que existe entre el texto de *Niebla* y el de otras obras igualmente famosas, la representación de las clases sociales en la *nivola* y su relación con sus dimensiones metaficticias y filosóficas, el espacio y los lugares físicos de la obra, las implicaciones sociales y lúdicas de la profesión de Víctor Goti, los efectos de privilegiar la dimensión autorreflexiva de la obra a expensas de sus muchos detalles miméticos y—sobre todo—el manuscrito de la *nivola*, sus fechas y lo que el autógrafo nos puede revelar de la visión unamuniana.

El primer capítulo demuestra cómo gran parte la caracterización y estructura de *Niebla* se basa en las de *Fortunata y Jacinta* de Galdós y que Unamuno concibió su obra en parte como ilustración de lo que necesitaría hacerse para convertir la novelística predominantemente mimética en narrativa de la Modernidad. El capítulo esboza en gran detalle tanto la conversión de la gran novela galdosiana en escueta *nivola* como la estética personal que esta conversión implica, estética que a veces se construye con una intensificación de recursos galdosianos pero que más a menudo se aparta de ellos. El capítulo II examina la manera en que Lorca transformó a *Niebla* en *Bodas de sangre* y qué revela la lectura lorquiana que la crítica se ha negado a ver. El capítulo III explora la presentación de la lucha de clases en *Niebla* y cómo Unamuno usa lo específico de esta presentación junto con la dimensión metaficticia de la obra como consolidación y simplificación de sus dimensiones metafísicas. El capítulo IV examina los misteriosos viajes y espacios de *Niebla* como claves tanto de su polifonía de perspectivas psicológicas como de la transición entre los planos miméticos y diegético-metaficticios de la obra. En el capítulo V se rastrean las caracterizaciones y motivaciones paralelas de *Niebla* y *La señorita Julia* de Strindberg, relaciones paradigmáticas que dejan poco lugar a dudas con respecto a la intrínseca filiación entre las dos obras. La profesión de Víctor y su relación con la trama y las dimensiones mimético-sociales, lúdicas y metaficticias es el enfoque del capítulo VI. El capítulo VII examina la pérdida de significaciones ocasionada por la lectura excesivamente narratológica o diegética de *Niebla*. Se intenta así crear una lectura más balanceada de la obra que tome en cuenta no sólo los enfoques teóricos de hoy, claramente intuidos por Unamuno, sino también algunos de los supuestos de ayer que don Miguel también acepta por considerarlos innatos al acto de lectura por parte de todo ser humano. El capítulo VIII explora la compleja relación causativa entre *Niebla* y el *Pygmalion* de G.B. Shaw y lo que esta relación puede revelar de la gestación y composición de la *nivola* unamuniana. El capítulo final examina el nunca antes adecuadamente estudiado autógrafo de *Niebla* y lo que dicho estudio puede revelarnos tanto del proceso creativo unamuniano como de por qué la estructura de la obra ha de verse como huella de una búsqueda epistemológica atestiguada en el manuscrito.

La intención del libro presente es hacer una llamada para continuar e intensificar la obra investigadora y reconfiguradora sobre *Niebla* mientras que tengamos aún los perecederos recursos personales que Unamuno tan cuidadosamente ordenó y nos legó. Son manuscritos, cartas y libros que nos regaló para que pudiéramos ver a escala íntima cómo el gran intelectual y *nivolista* leía y pensaba los mundos de su inagotable imaginación. Es ésta una imaginación con la cual Unamuno, muerto desde hace más de dos tercios de siglo, sigue aún hoy fecundando las imaginaciones nuestras para que las ideas que acuñemos a base del material suyo sean secuela interminable de los muchos paratextos que durante su vida don Miguel—que andaba elaborando su *nivola* a la misma velocidad que sus emuladores y críticos—siguió escribiendo.

Ningún libro se concibe en el vacío, ya que cada intento de lectura informada necesariamente se apoya y reacciona en contra de partes de las ideas y métodos de otros intérpretes. Figuran de forma destacada en este diálogo crítico mío muchas perspectivas, a veces citadas, otras veces de forma subliminal y no por esto menos importantes: la visión psíquico-narratológica de Gayana Yurkevich; las exploraciones de la narrativa en los albores de la Modernidad por parte de Germán Gullón; las varias configuraciones de la estructura de *Niebla* presentadas por Paul Olson y Pilar Palomo y de *Fortunata y Jacinta* ofrecidas por Ricardo Gullón y

Geoffrey Ribbans; las iniciales descripciones del autógrafo y variantes de *Niebla* creadas por Mario Valdés; las recientes atenciones dedicadas tanto al manuscrito como a la primera edición de *Niebla* por Armando Zubizarreta; los estudios de los espacios salmantinos y su significación social llevados a cabo por Conrad Kent; la esclarecedora lectura dialógica de la obra por parte de Iris Zavala y Anne Marie Øveraas; la visión organicista y alegórica de Francisco La Rubia Prado; las sugerencias de un alegorismo muy *sui generis* por parte de Stephen J. Summerhill y la fuerza de las convicciones formalistas de Isabel Criado Miguel.

Inevitablemente, mis propias convicciones, inclinaciones y límites me predisponen a aceptar o a rechazar ciertas partes de estas perspectivas mientras que otras, tal vez las más preciadas por sus originadores, no me hagan mella. Se podría decir, en efecto, que respondo a estas perspectivas de la misma forma que respondo a *Niebla*, con las añoranzas contradictorias de significación, estabilidad, pluralidad y aventura de mi propio *yo*. En esto creo atenerme de buena fe a los dictámenes de Fulgencio Entrambosmares, el filósofo tan unamunesco de *Amor y pedagogía*, que reconoció que el lector a quién iba dedicada esta novela precursora de *Niebla* no podía hacer otra cosa que leer la obra influida por las exigencias no siempre compatibles —pero sí homólogas— de novelista y lector, pero no novelista y lector en el sentido abstracto del lenguaje crítico, sino, para decirlo de manera unamuniana, de carne y hueso. Es en este espíritu que ofrezco el presente tomo como muestra de lo que mi propia extensión crítica— condicionada por la de otros que también han creído manipular para el esclarecimiento colectivo la visión que ofrece Unamuno en *Niebla*—me ha permitdo ver. Espero que la lectura de este volumen inspire nuevas interpretaciones de los posibles sitios que esta sin par obra ocuparía en las corrientes narrativas actuales.

Libros como el presente no admiten conclusiones porque sus ensayos exploran factores distintos. Todos están ordenados siguiendo cierta lógica interna—desviación de modelos miméticos; vestigios sociales como apéndices de una nueva filosofía; cambio de espacio como índice de un cambio de registro; finanzas e inclausurabilidad; autorreflexividad versus características documentales; fechas y procesos de composición—de tal manera que cada uno de ellos refleja o hace eco de la ensordecedora modernidad y fuentes miméticas de la obra; la complejidad y absoluta claridad de la visión unamuniana; el modo en que el "argumento" y detalles "realistas" contribuyen a la creación de distintas alegorías a nivel ontológico, metaficticio y metacrítico; y la forma en que su proceso de composición es idéntico a sus postulados internos sobre la inclausurabilidad e ímpetu de una vida que, a pesar de la muerte y profundas dudas de su protagonista, huele a eternidad. En un intento de subrayar la dirección general en estos nueve capítulos semi-independientes, incluyo la sección final "Confluencia de perspectivas (en lugar de Conclusiones)."

I
Niebla como nueva visión de *Fortunata y Jacinta*

Los juicios que Unamuno expresaba respecto a la novela galdosiana durante las dos primeras décadas del siglo XX eran, con pocas excepciones, decididamente negativos (Berkowitz 321-38, Starkie 235, Nuez 45-72). Entre estos juicios, los más divulgados han sido sin duda los del discurso que pronunció don Miguel en el Ateneo de Salamanca en noviembre de 1920 para "conmemorar" la muerte del insigne novelista (Unamuno, *OC* IX: 365-67) y los del Prólogo que Unamuno escribió el mismo año para su propia obra *Tres novelas ejemplares* (20). La sospecha de Unamuno, reiterada con gran frecuencia, era que sus criterios de adulto no le permitirían volver a captar el entusiasmo que había sentido de adolescente, y que, en un intento de conservar estos recuerdos, prefería no volver a leer la obra galdosiana. Según don Miguel, Galdós tenía el don de reproducir la conversación de las masas y, en los primeros años, un agudo sentido del carácter español, pero le faltaban una verdadera ciencia analítica, una visión social coherente y un sentido poético que le permitiera plasmar una expresión totalizadora del ser humano (*OC* III: 1203-06; VII: 915-17, 921-23; IX: 364-67). La gran excepción en estos juicios, era su tantas veces admitida admiración por *El amigo Manso*, que, como se sabe, es—a nivel metaficticio y psicológico—una de las fuentes más importantes de su propia narrativa más célebre, *Niebla* (R. Gullón 57-102), pero sin duda no la única razón de que don Miguel proyectara escribir hacia 1929 una biografía de Galdós (Ortiz-Armengol, *Vida de Galdós* 7).

Lo curioso de todos estos enunciados es la ausencia completa de referencias a la obra maestra de Galdós, *Fortunata y Jacinta* (1886-1887), novela tan elogiada por Clarín, el gran amigo y animador de ambos escritores, y la obra en que la crítica reciente ha querido ver una relación intertextual con la novelita *Dos madres* (1920) de Unamuno (Boudreau 128-38).[1] Esta situación cambia radicalmente en 1924, cuando Unamuno es deportado a Fuerteventura en las Islas Canarias por orden de dictador Primo de Rivera. Por estar en Canarias y con pocos libros a su alcance, se le ocurre probar otra vez la narrativa y el teatro de Galdós y, entre componer la mayor parte de los sonetos de su *De Fuerteventura a París* (1925) y hablar con los amigos, vuelve a leer gran parte de la obra galdosiana. Entre las obras leídas se encuentra *Fortunata y Jacinta*. En el número XVII de los artículos que Unamuno escribe bajo el título general, "Alrededor del estilo" ("El estilo de Galdós," 17 de agosto, 1924), don Miguel se refiere al "alma de Fortunata" como "el alma acaso del pueblo de la calle madrileña" y critica la falta de lenguaje poético con que Galdós presenta una vida tan intencionadamente simbólica (*OC* VII: 916). Importa recordar que,

---

[1] Boudreau también vuelve a explorer la segura relación intertextual (la semenjanza de "discursos," como prefiere llamarlo) entre *El amigo Manso* y *Niebla* y entre *La loca de la casa* (1892) y *Nada menos que todo un hombre* (1916).

a diferencia de otras partes de la producción galdosiana, Unamuno no podía haber leído *Fortunata* por primera vez en plena adolescencia, puesto que, cuando la obra apareció, Unamuno ya tenía veintidós años y había sacado el doctorado en filología. Así, cualesquiera que sean los juicios de don Miguel—y no son del todo negativos—, y sea lo que sea el año en que se formularan, llegan desprovistos de la aureola de ensueños adolescentes que Unamuno había querido proteger por no volver a leer la obra galdosiana. Es difícil saber si 1924 marca la primera vez que Unamuno lee la novela. En un intento de solucionar esta cuestión, Schraibman produce una carta de don Miguel al insigne hispanista, H. Chonon Berkowitz, fechada el 9 de diciembre de 1930, en que niega haber leído *Fortunata* antes de 1924:

> Estando desterrado en Fuerteventura volví a leer casi todo Galdós y me dejaba arrullar, junto al mar, por su prosa, sin que ésta me detuviese nunca. Leí entonces, ¡por primera vez!, la que creo su mejor obra, *Fortunata y Jacinta*—Fortunata, como mujer, se tiene en pie—, pero vi que es una novela estirada para llenar no recuerdo si tres o cuatro volúmenes. ¡Aquellos insaciables monólogos de los locos o semilocos de sus novelas, llenos de estribillos, muletillas y frases hechas! Se vive, se imagina y se siente hoy muy a prisa para soportar eso. Me parece que Galdós hoy cansa a los lectores españoles. La difusión es, creo, un defecto muy común en nuestra literatura, pero él la aumentó, sobre todo en sus últimos años. (Schraibman 462)

La crítica es típica, pero se pregunta si don Miguel logra recordar la fecha de la primera lectura con mejor fidelidad que la de sus lecturas de Nietzsche, que—pese a copiosas evidencias fidedignas al contrario—niega haber llevado a cabo. Una sugerencia de que Unamuno había tenido cierto contacto con *Fortunata* muchos años antes de 1924—en efecto, antes de terminar *Niebla* en 1914—la encontramos en el curioso paralelo entre las críticas que lanza contra la obra maestra de Galdós a partir de 1924 y lo que Clarín escribió en su reseña de 1887. Esta es una reseña que aparece como el capítulo XI, "Una carta y muchas digresiones," del primer tomo de las *Obras Completas* del autor zamorano que se publica en 1912 y del que se conserva (expediente U-921) en la Casa-Museo Unamuno. Estos son detalles que difícilmente se recuerdan sin una comprobación personal de su aplicabilidad a la obra discutida.[2] Ortiz-Amergol recientemente ha aducido una carta de

---

[2] Estos Fragmentos de Clarín presentan un escueto resumen de casi todo lo que dice Unamuno:

Fortunata y Jacinta tiene un gran defecto para España: sus cuatro tomos. (51)

Pues bien: los cuatro tomos de *Fortunata* tienen ya un defecto en ser cuatro. Si los críticos se dignaran hablar del libro, vería usted cómo eso era lo primero que decían. O nos trae usted el cielo de Londres o escribe menos largo; o quita usted sol, o quita tomos. (152)

[...] opinarían todos que usted ahoga la acción en la multitud de los promenores y que echa a perder las situaciones dramáticas con su lenguaje ordinario y con suy estilo demasiado llano y tranquilo. (155)

En el epistolario Unamuno-Clarín existe un gran número de frases que tal vez subrayan la importancia de Clarín en la orientación de Unamuno respecto a Galdós y a su empleo de *Fortunata*. Fijémonos en que esta orientación puede ser negativa y en que estriba en ciertas acusaciones que Clarín había dirigido al libro *Tres ensayos* (1900) de Unamuno:

Ha sido usted en gran parte uno de los educadores de mi mente, me ha llamado la atención sobre cosas, autores e ideas.... (Unamuno, *Epistolario*, carta del 9 de mayo, 1900: 84)

Unamuno a Cipriano Rivas Cherif y Manuel Azaña, fechada el 24 de junio de 1920, en que discute *Fortunata* como si ya fuera parte de su repertorio galdosiano leído en el siglo XIX. Entre otras cosas, la novela acusa de "frialdad," de excesiva extensión, de falta de

---

Después de acusar la influencia clariniana, Unamuno censura al zamorano por haberle criticado de adolecer de una ansiedad de influencias:

> Usted trae a cuento a una porción de escritores, no como algunos supondrán … para que se vea que usted lee y estudia, no, sino porque al ver a Unamuno barajado con ellos dirá el lector: ¡bah! Un hombre culto y doctor, que borra con el jopo su huella, que repite en nueva forma lo que han dicho A. B. C. o D. (91)

Unamuno disputa con Clarín las palabras específicas del zamorano que le acusan a don Miguel de oscurecer sus fuentes:

> *No cita a nadie; todo lo dice como si aquellas novedades, que lo serán para muchos, se le hubieran ocurrido a él solo, o como si no supiera él que ya han sostenido cosas parecidas otros.* (91; subrayado en la carta de Unamuno)

> Según este criterio [v. gr., el de Clarín], nadie es original. Shakespeare, el genio más original acaso, tomó sus argumentos, sus pensamientos, todo, de otros. (92)

La censura clariniana es la misma que Unamuno burlonamente lanza contra el erudito Paparrgópulos en el capítulo XXIII de *Niebla* ("una vez que había cogido la opinion media de los críticos más reputados, respecto a este o aquel autor, hojeábalo en un periquete para rehacer juicios ajenos sin mengua de su escrupulosa integridad de crítico" [119].) Clarín, según don Miguel, no ha expuesto su verdadera evaluación negativa de Galdós, parecida a la que Unamuno revela a Clarín, porque:

> siendo amigo de Galdós, y éste uno de los que más le animan y más aprecian… su labor, no quiere declarar lo que de rapsoda y superficial y follentinesco le encuentra…. (95)

verdadero sentido trágico y de aburrir al lector (Ortiz, "La opinión" 135-40).

En todo lo anterior se detecta la ruptura definitiva de Unamuno con la novela realista-naturalista que éste asocia con Galdós a la vez de (con la excepción de *Manso*) una aparente ceguera frente a las vetas metaficticias y filosóficas del canario. A pesar de este rechazo, cabe preguntarse si una gran sensibilidad moderna como la de Unamuno puede ser insensible a las grandes afinidades entre Galdós y él. ¿No demuestra tal vez esta negación de afinidades por parte de Unamuno una profunda ansiedad de que se detecte en su propia obra una dependencia en modelos galdosianos, sobre todo los procedentes de *Fortunata y Jacinta*? En lo que sigue se exploran las múltiples relaciones posibles entre la supuesta cumbre de la novela realista-naturalista—pero en realidad una *summa* de recursos autoficticios (Kronik 272-310, entre otros)—, *Fortunata y Jacinta*, y la supuesta narrativa autoconsciente por excelencia, *Niebla*.

En el tercer capítulo de *Niebla*, Domingo y Liduvina, dos domésticos sin pasiones ni hijos, intentan convencer a Augusto Pérez de que el matrimonio con una mujer como la indómita Eugenia no es para los seres formularios y los sexualmente incompletos:

—Pues, ¿no te casaste tú?—le interpeló Augusto.
—Según y conforme, señorito.
—¿Cómo según y conforme? Habla.
—Casarse es muy fácil, pero no es tan fácil ser casado. (38).

En el capítulo XXIII, Augusto le anuncia al perro Orfeo su intención de llevar a cabo un proyecto de psicología femenina, enamorándose a la vez de la pianista Eugenia y de la planchadora

Rosario:

> —... ¿Qué te parece de que me dedique a la psicología femenina? Sí, sí, y haré dos monografías, pues ahora se llevan mucho las monografías: una se titulará *Eugenia*, y la otra: *Rosario*, añadiendo: estudio de mujer. (116)

El primer pasaje recuerda la tragi-cómica situación del impotente Maximiliano Rubín, que propone casarse con la abundantemente asexuada Fortunata, mientras que el segundo recuerda el subtítulo de la gran novela de Galdós: *Dos historias de casadas*. Tomados en conjunto, los dos pasajes plantean una sugerencia de que lo que se encuentra alrededor de ellos en el texto puede leerse como una sutil parodia de *Fortunata y Jacinta*. Examinemos, pues, los dos textos.

En *Fortunata*, Barbarita Arnaiz se preocupa por encontrar una buena mujer para cuidar a su hijo, Juanito Santa Cruz, ya que ella, siendo mortal, no va a poder seguir ejerciendo esta función por toda la vida de aquél (I, iv, 1). La madre caracteriza a Juanito de chiquillo mimado sin habilidad de funcionar sin servidumbre e incapaz de reconocer la esposa que le convenga tener. La misma orientación edípica le afecta a otro personaje de la novela. Maximiliano Rubín se obsesiona por cumplir sus sueños de encontrar una mujer "decente" y lamenta que Fortunata no cumpla con su ideal (II, i, 2). Posteriormente se deja descansar en los brazos de ésta, inventándole un amor limpio y maternal que ella es incapaz de corresponder. Los capítulos II-V de *Niebla* revelan que doña Soledad, la recién fenecida madre de Augusto Pérez, también se había preocupado por el porvenir de su hijo y que se había desesperado porque éste no se casara con una buena mujer que le cuidara como lo habían hecho ella y sus viejos sirvientes. En capítulos futuros, Augusto reaccionará contra los sarcasmos de Víctor y sus sirvientes con respecto a la virtud "fácil" de Eugenia. Ya en luna de miel, Juanito le explica a Jacinta cómo se había burlado de Fortunata, riéndose de que ésta le hubiera considerado un cumplido caballero, un dechado de virtudes, y observando que los ricos siempre hacen con los pobres lo que les da la gana (I, v, 6). A partir del capítulo XXIV de *Niebla* Augusto, fortalecido por su conversación con el ginepsicólogo Paparrigópulos, intenta seducir a la empobrecida planchadora Rosario y a la adeudada pianista Eugenia. Cuando Augusto pide disculpa a la de planchado, ésta le contesta que está acostumbrada a estos actos por parte de ricos amos. *Fortunata* revela que Juanito es tacaño, que no pagará tres pesetas por algo si puede hacer la misma compra con dos (I, viii, 1). En los primeros dos capítulos de *Niebla*, el rico Augusto intenta dos veces no dar propina a la portera Margarita después de que ésta le hace grandes favores al iniciar Augusto su persecución de Eugenia.

Maximiliano Rubín contempla a los estudiantes de una academia militar y espera tener también una espada como la de los impresionantes cadetes (II, i, 2). La añorada espada es un símbolo de sus deseos imposibles de adquirir la potencia sexual. Los capítulos I-IV de *Niebla* proyectan un Augusto obsesionado con su paraguas cerrado, soñando que es un águila volante, y preocupado por los torpes movimientos de su alfil en la partida de ajedrez que juega con Víctor Goti. El paraguas cerrado y el alfil mal jugado son símbolos de la disfunción sexual de Augusto, y el águila voladora sirve para representar sus fantasías de ser conquistador de mujeres. En la novela de Galdós, Maxi confiesa su idolatría por Fortunata y promete amarla durantes toda la vida si ella se compromete a quererle a él (I, i, 4). En el capítulo IX de *Niebla*, Augusto confiesa su amor a Eugenia y pide que le permita acudir siempre a bañar su espíritu en su mirada maternal. Tanto Augusto como Maxi prefieren ver la dama ficticia de sus fantasías en lugar de la mujer capaz y compleja que se les presenta. Las dos mujeres pronto saben que sus pretendientes son hombres incompletos, motivados por ideas imposibles. En *Fortunata*, doña Lupe, la tía de Maxi, se mofa de la idea de que su sobrino pueda tener hijos (II, ii, 5). En el mismo capítulo la sirviente Papitos le llama inocente y soñador, y Maxi responde que no le importa la realidad sino lo que le dice su espíritu. En el primer capítulo de *Niebla*, Augusto experimenta fantasías de tener hijos con Eugenia, pero en el capítulo IV la sirviente Liduvina le dice que es demasiado "bueno" para imaginarse participando activamente en la vida sexual. La respuesta de Augusto es proseguir con su confección onírica de una esposa ideal que pueda llenar su vida de armonía. Por su parte, Maxi refuerza sus sueños con un vano intento de vencer a puños a su rival, Juanito Santa Cruz, pero la triste realidad de Maxi se hace notar, no sólo en su derrota sino en que "la voz se le había vuelto enteramente de falsete. Salían de su garganta las palabras con el acento de un impúber...." (286; II, vii, 10).

Juanito Santa Cruz, el amante desaparecido de Fortunata, le dice a ésta que ha hecho bien en casarse con un sujeto aburguesado como Maxi:

—¿Y por qué hice bien?
—Porque así eres más libre y tienes un nombre. Puedes hacer lo que quieras, siempre que lo hagas con discreción. (277; II, vii, 6)

En el capítulo XI de *Niebla*, Mauricio, el novio de Eugenia, le aconseja que se aproveche de una relación formal con un acomodado y respetable señorito como Augusto, ya que así puede desgravar la hipoteca que le come sus fondos y amenaza la relación que el tenorio tiene con ella: "—Mira, Eugenia, para divertirte le puedes poner, si quieres, buena cara a ese panoli" (57). Eugenia no parece hacerle caso, y en el capítulo 16 el tenorio explica su idea en más detalle:

—... Pero hay acaso una solución que sin tener yo que trabajar, ni tú, se arregle todo...
—A ver, a ver...
—Pues... ¿me prometes, chiquilla, no acomodarte?
—¡Anda, habla!
....
—... Y acaso lo mejor sea no sólo que aceptes eso de tu casa, sino que...
—Vamos, ¿qué?
—Que lo aceptes a él como marido.
—¿Eh?—y se puso ella en pie.
—Le aceptas, y como un pobre hombre, pues... todo se arregla...
—¿Cómo se arregla todo?
—Sí, él paga, y nosotros...
—Nosotros... ¿qué?
—Pues, nosotros.... (86)

Por su parte, Domingo, el sirviente de Augusto, le explica que, siendo rico, puede hacer cualquier cosa con una mujer porque, con el dinero, la discreción queda garantizada (107; cap. XX), eco de los consejos que Ermelinda le ofrece a Eugenia (81; cap. XV). La reacción eventual por parte de Fortunata es acusar su inhabilidad de ser actriz, ya que "A ella le era muy difícil representar y fingir..." (278; II, vii, 7), reflejo de los consejos que había recibido de la delincuente, Mauricia "la Dura," en el convento de las Micaelas en las primeras páginas de la II parte y antítesis de los que Mauricio (Mauricio ≠ Mauricia) le había proporcionado a Eugenia en *Niebla*. Fortunata claramente no puede querer a Maxi, pero se conmueve por su soledad y deformación (II, vii, 8). Más tarde el narrador nos dice: "No digamos que le quería, según su concepto y definición del querer; pero le había tomado un cierto cariño como de hermana o hermano" (365; III, v, 4). Eugenia tampoco puede soportar la patética figura de Augusto, pero sus trágicas posturas y sufrimientos no dejan de afectarla: "—... Y, a la verdad, ¿por qué no he de decírtelo?; sí, me conmueve" (57; cap. IX).

Maxi le compra a Fortunata un revólver para que puedan participar en un suicidio doble ante su incapacidad de consumar su relación conyugal y de alejar sus vidas de los dictados impuestos por Juanito (II, vii, 9). Es un motivo que vuelve a aparecer cuando Maxi, ya farmacéutico, piensa en el suicidio mutuo por medio de drogas (IV, i, 10). A partir de capítulo XVIII de *Niebla* Augusto intenta convencer a Rosario de que le acompañe en un largo y misterioso viaje, viaje que pronto vemos como símbolo del suicidio que, según su propia versión de los hechos y la de Víctor, logra llevar a cabo en el capítulo XXXII (Franz, "Augusto's Mysterious" 81-93. Ver el cap. IV de este libro). Mucho más tarde en la novela de Galdós, la piadosa pero hombruna Guillermina Pacheco trata de convencer a Fortunata de que abandone a Juanito. En un intento de apaciguar la ira de la "santa," Fortunata entra "como entraría una planchadora que va a entregar la ropa. Avanzaba tímidamente, deteniéndose a cada palabra de saludo..." (403; II, vii, 2). No cabe duda de que esta descripción es la base de toda la caracterización de Rosario en *Niebla*, ya que expone claramente cómo la inferioridad social de la libidinosa, con sus múltiples líos con señores adinerados, está condicionada por una necesitad de mantenerse a flote, una necesidad que recibe una exposición mucho más directa en la *nivola* de Unamuno (Franz, "The Discourse" 527-34).[3]

Hay otras semejanzas entre los textos de las dos novelas, siendo tal vez la más importante el paralelo entre la corriente de la conciencia empleada por Galdós para describir las últimas peripecias del moribundo Moreno Isla (IV, ii, 1 y IV, ii, 3) y las caminatas distraídas de Augusto Pérez entre vagos y mendigos en

---

[3] Estructuralmente, es imposible establecer un paralelo entre los cuatro triángulos cambiantes que R. Gullón (137-38) señala y los once (varios de ellos relacionados con personajes importantes pero secundarios) que rastrea Ribbans (44-47) con respecto a los personajes de Fortunata, por un lado, y los obvios triángulos cambiantes compuestos por Augusto, Eugenia, Mauricio y Rosario en *Niebla*. Aunque *Niebla* empieza con un triángulo (Augusto / Eugenia / Mauricio) parecido a los primeros dos triángulos de Gullón y Ribbans (Jacinta / Juanito / Fortunata; Maxi / Fortunata / Juanito), los unamunianos pronto se disuelven en una serie de parejas cambiantes: primero una compuesta por Eugenia / Mauricio y otra por Rosario / Augusto; después otras dos formadas por Eugenia / Augusto y Rosario / Mauricio; y una última por Eugenia / Mauricio. Antes de desbancar por completo cualquier intento de equiparar los triángulos de Galdós con las parejas unamunianas, sin embargo, vale la pena recordar cómo Gullón afirma que Galdós "no proyecta el foco luminoso sobre el triángulo entero, sino solamente sobre dos de sus componentes" (139). En la novela de Unamuno el componente que momentáneamente se aísla del triángulo está posado para reinsertarse eventualmente en un grupo de tres. Lo que puede, sin embargo, representar un paralelo significativo entre ambas novelas es que, al final de las dos narrativas, la mujer prototipo de la clase baja (Fortunata, Rosario) desaparece por no estimarse dentro del mundo de los demás. El varón sin potencia (Maximiliano, Augusto) también desaparece. Es también importante notar la ironía paralela entre los nombres Maximiliano y Augusto con los cuales se les bautiza a los dos amantes ineptos.

las primeras páginas de *Niebla*. También dignas de comparación son las escenas donde Augusto espera en vano que Eugenia penetre en su alma y la escena de *Fortunata* donde el desesperado Moreno busca sin resultado una comiseración por parte de su idolatrada Jacinta (IV, ii, 2). Lo anteriormente explayado sirve para resumir las semejanzas materiales que se pueden señalar en las dos obras. Pero la intertextualidad y parodia en efecto exceden cualquier intento de concreción como el de arriba.

Es conocido cómo en *Niebla* Víctor Goti escribe la novela en que adquiere forma la "vida" de Augusto, hasta que entra "Unamuno" para manifestar que son él y el "lector" quienes confeccionan todas las vidas que se configuran en la obra. De igual manera que, dentro de la misma novela, Augusto inventa a "su" Eugenia, Víctor crea a los personajes didácticos de las historias intercaladas, éstos inventan a sus enamoradas ideales y después sufren a manos de enamoradas rebeldes, el perro Orfeo inventa su versión de Augusto y todos sueñan con Dios, un Dios que después no sólo aceptan como real sino a quien atribuyen su propia creación y posibilidades de alcanzar la eternidad. Víctor a fin de cuentas dice, en sus consejos a Augusto, que todo el mundo ha de verse como un actor en los dramas múltiples imaginados por los demás actores. Este caleidoscopio de creaciones mutuas también se presenta en *Fortunata*. Juanito le cuenta a Jacinta una versión aséptica de su aventura con Fortunata. Fortunata a su vez se percibe como una actriz en un melodrama mal escrito, mientras que Feijoo la describe como la malvada de un guión romántico y logra cambiar su papel al de una inocente víctima. Desde su propia perspectiva, Fortunata reconoce la calidad arbitrariamente novelesco-teatral de su vida en cuanto concibe la idea de falsificarla en un relato retrospectivo inventado para complacer a Feijoo. Fortunata decide crearse una Jacinta ficticia de "esposa cruel" para poder gozar de su esposo Juanito sin sentir escrúpulos. Estupiñá compra recuerdos "típicos" para los amigos ingleses de Moreno Isla, regalos que producen un *collage* que romantiza la misma realidad española que termina por matar a Moreno. En sus consejos a Fortunata, Feijoo dice que la vida sana depende de que tenga la vida forma y estilo, pero estos consejos hablan no sólo de lo ventajoso de lograr el decoro y la respetabilidad sino también de los atributos ficticios con que los seres humanos inevitablemente estructuran e informan su vida. Lo que se destaca en todo esto es la situación ambigua de todos los personajes, quienes, a la vez que desempeñan los papeles impuestos por otros, también, como en *Niebla*, demuestran autonomía. Fortunata revela que su seducción a manos de Juanito dejó huellas endelebles no mencionadas en la narrativa de éste. Jacinta, aunque puede ser impersonal, no es la esposa negligente envisionada por la heroína, como tampoco es Juanito el esposo desprovisto de amor hacia su mujer que quiere percibir Fortunata. Fortunata es demasiado "pueblo" para jugar largo tiempo el papel respetable que visualiza Feijoo. Y España es demasiado España para reducirse a los romanticismos de Moreno Isla (como también es demasiado romántica para conformarse con los naturalismos del fánatico Nicolás Rubín).

Ribbans ha señalado cómo el debate teórico entre Ballester y Ponce que cierra *Fortunata* prefigura el debate entre el personaje con añoranzas de autonomía (Augusto) y el autor que sueña con desempeñar su papel tradicional ("Unamuno") en *Niebla* (Ribbans, *Conflicts* 51). Lo que este crítico no ve, sin embargo, es que el empleo sexual del acto de comer y digerir que él y otros han detectado a lo largo de *Fortunata*, está también presente en el capítulo XXIII de *Niebla*. Augusto irónicamente no entiende la relación entre su frustración sexual y su intento de suicidarse por comer en exceso, atribuyendo sus motivos puramente a razones metafísicas:

> Se comprende que una pareja de condenados a muerte, antes de morir, sientan el instinto de sobrevivirse reproduciéndose, pero ¡comer!... Aunque, sí, sí, es el cuerpo que se defiende. (156)

Lo que los límites de intelecto del personaje ilustran es que la razón no la tiene el personaje sino su "autor," y con este descubrimiento volvemos a las dimensiones metaficticias y metatreatrales de ambas novelas.

Los aspectos metaficticios y metateatrales que se ven en *Fortunata* son tímidos en comparación con los que vemos en *Niebla*. Ninguno de los personajes galdosianos logra reírse y discurrir del absurdo de los papeles cambiantes como lo logran hacer Augusto Pérez y Víctor Goti. Con la excepción de Fortunata —quien a veces no sabe si es la "esposa" de Juanito o la compañera respetable de Maxi, una mujer del pueblo o la aburguesada confeccionada por Feijoo— ninguno agoniza por su propia identidad. Ninguno intenta relacionar su esencia teatro-novelesca con cuestiones escatológicas. Aunque hacen metabiografía de la vida de unos y otros, rara vez perciben los personajes galdosianos de esta novela el elemento puramente fenoménico de su propia personalidad. En *Fortunata y Jacinta* los elementos metaficticios y metateatrales están casi marginados, esparcidos por casi dos mil páginas de narrativa, aunque se observa su presencia algo más en las partes III y IV. En toda *Niebla* son el eje de la obra, aunque sólo se perciben plenamente después de leer los capítulos finales (Øveraas passim). Lo dilatado de *Fortunata* incluso permite exagerar el contenido autorreferencial de la novela, ya que, entre tanto diálogo y párrafos de exposición, cierto autocomentario surge automáticamente de la repetición de incidentes parecidos y del número de personajes que se comentan unos a otros estas impresiones sin poder armonizar con lo que sus sujetos humanos conceptuarían. La gran creatividad de Unamuno consistirá en ver estos—más que ocasionales pero aún así diluidos—atisbos de intelección y autorreferencialidad y de visualizar, después de sus propios logros parecidos (muy descartados tanto por los amigos del autor como por la crítica de la época) en *Nuevo mundo* (1896), *Amor y pedagogía* (1902) y *Vida de don Quijote y Sancho* (1905), la gran posibilidad de crear una narrativa basada en importantes detalles sacados de la sin par novela de Galdós pero suprimiendo el bagaje realista que, según las convicciones unamunianas, estorba tanto para el desarrollo como para la percepción de una novela plenamente autorreferencial. La gran prueba de lo acertado de esta visión será el deslumbrante hecho de que estas metadimensiones de *Fortunata* pasarán virtualmente desapercebidas, perdidas en su masa de palabras, hasta que Kronik las señalara en 1982, mientras que la mismas características se han percibido en *Niebla* desde su aparición, aunque enmascaradas con otras palabras críticas, hoy meras curiosidades, como *nivola, desdoblamiento, duplicación interior* y *autonomía del personaje*.

Cuando se miran los artículos que Unamuno dedicó a las novelas de Galdós, la crítica se reduce tanto a una alegada falta de rigor intelectual como a una difusión excesiva de sus pocas intuiciones respecto a las leyes ocultas que motivan las acciones humanas y que influyen en el acto de novelar. Unamuno al parecer nunca lograba apreciar la obra galdosiana en su dimensión plástica. Nunca acusaba el profundo respeto, por parte de Galdós, por las añoranzas del espíritu (respeto que acerca la orientación filosófica del escéptico Galdós a la del frenéticamente desesperado Unamuno). Como heterodoxo en todo y fracasado oponente en psicología, química y matemáticas, tampoco tenía Unamuno fe en la ortodoxa orientación psicológica y científica con las cuales el canario motivaba a sus personajes. Como creador del concepto de la *intrahistoria*, concepto que veía encarnado en ciertos *Episodios* de Galdós, no cedía importancia al análisis galdosiano de específicos momentos históricos. Lo que Unamuno sí podía apreciar eran los momentos cuando, según él, logró Galdós plasmar los motivos y defectos claves de la cultura española que coincidían con los de la naturaleza humana: la hipocresía e intolerancia en *Doña Perfecta* y *Gloria*, las barreras a la felicidad erigidas por el legalismo humano en *La familia de León Roch*, el intelectualismo excesivo y la duda existencial en *El amigo Manso*.

Al parecer, aunque nunca pronunció palabra al respecto, también admiraba la percepción galdosiana de lo edípico de la relación madre/hijo y esposa/esposo, la relación causativa percibida por Galdós en la tríada progresiva de añoranza—sueño—realidad, el análisis galdosiano del conflicto entre el instinto materno respecto al novio/esposo y la hostilidad contraria ocasionada por la marginación ecónomica de la mujer, su visión shopenhaueriana de que la especie tiene sus propios mandatos que no tienen en cuenta las leyes sociales, todas ellas características claves de *Fortunata y Jacinta* que se aprecian en *Niebla* al lado de una versión depurada del mismo relato autorreferencial que encontramos en la obra maestra de Galdós. Lo que nos choca es la manera descarada en que Unamuno parece parodiar la obra galdosiana, tomando aspectos claves del argumento, de la caracterización, además de algunos de los motivos centrales, a la vez separándolos del copioso inventario de la sociedad que tanto despreciaba en gran parte de la ficción decimonónica.[4] No sólo

---

[4] A diferencia de la re-escritura y unamunización casi completas de Galdós

esto sino que construye trozos de diálogo que sirven para resumir la relación Fortunata/Maximiliano que yace en el fondo de su propia narrativa. Es como si decidiera tomar la obra realista por excelencia y explicarnos qué habría de hacerse para convertirla en una novela plenamente moderna que recalcara, no los procesos truncados de la socialización de Fortunata y la masculinización de Maxi, sino los mecanismos transparentes de su creación narrativa, por ser éstos el punto de partida para las exploraciones unamunianas de los procesos de la experiencia y la creación espiritual humanas. El hecho de que no lo hiciera con la otra gran novela de la Restauración, *La Regenta,* de Clarín, se explica tal vez por razones de su vieja amistad y agónicos intercambios con el escritor zamorano que muriera en plena vida poco antes de iniciarse la composición de la *nivola* unamuniana y la creciente adversión de Unamuno al Galdós artísticamente debilitado de la senectud.

---

enunciadas en el estudio de Boudreau (32-32), aquí se propone un hipertexto unamuniano que no oscurece el hipotexto galdosiano sino que lo transforma casi didácticamente delante de los ojos del lector.

II
Bodas de sangre y *Niebla*:
Lorca y Unamuno

EN 1934, UNO AÑO después del estreno de *Bodas de sangre*, Lorca dijo lo siguiente de Unamuno en una entrevista:

> ¡Qué grande es Unamuno! ¡Cuánto sabe y cuánto crea! El primer español. Se abre una puerta en cualquier parte, sale Unamuno por ella, con su cuerpo y la cabeza, y se ve enseguida eso: es el Español, el primer Español. Todo lo crea y sabe por estar tan arraigado en nuestro suelo y tener tanta luz en mente. "Una cosa es la cultura—me decía—y otra la luz. Eso es lo que hay que tener: luz." (Marichal 20)

En vista de las obvias diferencias de personalidad, estética (Ribbans, "Tragic" 11-25) y edad entre Lorca y Unamuno—Lorca es casi treinta y cinco años más joven que el pensador vasco—además del poco contacto directo entre Unamuno y el granadino, pueden sorprender estos encomios no cualificados. Sin embargo, una mirada sobre la información histórica y crítica que existe sobre los dos autores y un examen detallado de *Bodas de sangre* y la famosa *nivola*, *Niebla*, de Unamuno dejan poco lugar a dudas sobre las razones que subyacen a la actitud lorquiana.

En 1916 el joven Lorca participó en un viaje de estudiantes a Salamanca, donde el grupo conoció a Unamuno y, a difrencias de los demás, Lorca se tomó el tiempo para visitar al rector destituido en su casa en la Calle de Bordadores (Gibson 16-17). Dos años más tarde, cuando Lorca publicó *Impresiones y paisajes*, Unamuno aparentemente comentó el libro positivamente, pues, en 1930, durante una entrevista que se le concedió en la Habana, Lorca aludió al comentario (posible reseña que nunca se ha encontrado) y declaró respecto a don Miguel: "Nadie me ha enseñado tanto sobre mi arte como Unamuno en aquella ocasión" (98). Entre 1916-1918 la prensa de la Residencia de Estudiantes publicó siete tomos de los *Ensayos* de Unamuno (111). Durante su primera visita a la Residencia en 1917 Lorca compró el sexto tomo del compendio y empezó a marcar pasajes que recalcaban la convicción unamuniana de que el escritor necesita descubrir ante su lector el "secreto" de su corazón, incluso el del "deseo impuro" (118). Cinco meses más tarde, en una carta a Adriano del Valle, Lorca declara su primer gran florecimiento poético y lo atribuye a la lectura de los ensayos de Unamuno: "¿Ha leído V. los últimos ensayos de Unamuno? Léalos; gozará extraordinariamente" (118). Lorca sigue estos comentarios sobre las recomendaciones psico-artísticas de Unamuno con una alusión poética a sus propios secretos de índole prohibida, paso que le impulsa a su biógrafo Gibson a concluir: "Unamuno, a quien Lorca ha conocido personalmente en Salamanca, se ha convertido de golpe en guía de conducta del poeta, empedernido como está éste en saber quién es y en vivir lo más sincera, plena y libremente posible" (119). La conclusión a la cual llega Gibson carece de toda exageración, ya que la crítica posterior ha encontrado fuertes ecos del séptimo tomo de los ensayos unamunianos en el *Romancero gitano* (1924-1927), que puede leerse en sus dimensiones telúricas y confesionales como un tributo al Unamuno exiliado (Sotelo Vázquez 199-204). No sabemos mucho de las escasas relaciones entre los dos autores durante los años comprendidos entre1918-1932, seis de los cuales Unamuno pasa en el exilio, pero cuando, el 8 de marzo de 1933, Lorca estrena *Bodas de sangre* en Madrid, Unamuno está en el auditorio (Gibson 415). En 1934, cuando Lorca y su compañía La Barraca escenifican *El burlador de Sevilla* en Palencia, Unamuno está de nuevo en el teatro, habiendo viajado desde Santander específicamente para ver una segunda vez la misma producción que había visto unos días antes en la capital cántabra (465). Por fin, cuando se efectúa el ensayo general de *Yerma* en Madrid el 28 de diciembre de 1934, Unamuno está otra vez presente y puede leer al día siguiente la reseña de José Luis Salado en el diario fascista *La Voz* alegando que Lorca, sus amigos y su obra ocultan mal su orientación homosexual. La noche siguiente, la del estreno, Unamuno está de Nuevo—"generoso gesto insólito" (471)—entre el público y atestigua los gritos que lanzan jóvenes falangistas que ponen de homosexuales tanto al dramaturgo y a la actriz principal, Margarita Xirgu (471).

 Lorca afirmó haber escrito *Bodas de sangre* durante quince días de composición intensa en 1932, después de cuatro años de lenta maduración (Josephs 27-32, Walsh 256-57). Según el mismo Lorca, su hermano Francisco así como su amigo Marcel Auclair, la anécdota a base de *Bodas* se encontraba en el continuo reportaje de varios periódicos sobre un célebre crimen ocurrido en el campo de Níjar el 22 de julio de 1928. Durante los últimos momentos antes de solemnizarse los votos matrimoniales de dos jóvenes aldeanos, se había descubierto la fuga de la novia, hija de un rico labrador, con un primo suyo a quien después confesaba amar. El hermano del novio burlado persiguió a la pareja fugada y mató al primo a tiros (Josephs). Aunque el relato tiene varios motivos que pueden encontrar eco en *Bodas* (el primitivismo del campo, la fuga de la novia y la muerte del raptor), la mayoría de los detalles discrepan con los de la tragedia de Lorca. La fuga en *Bodas* ocurre después y no antes de los votos matrimoniales. El asesino no es el primo sino el esposo burlado. El arma usada es una navaja y no una pistola. En la obra de Lorca tanto el novio como el raptor mueren. La novia lorquiana es mucho menos rica que el novio que aquélla abandona.

Varias fuentes literarias también se han sugerido para distintos aspectos de *Bodas de sangre*, siendo la más conocida el drama trágico *Riders to the Sea* (1904) del irlandés John Millington Synge, obra que Lorca había conocido sólo por medio de una traducción parcial improvisada por un amigo pero que evidencia raíces localistas, primitivismo psicológico y cualidades poéticas que son idénticas a las que Lorca mete en su propia tragedia (Smoot 63-97, Sainero Sánchez 291-94). Otra fuente que se ha sugerido es el largo poema narrativo "La tierra de Alvargonzález" que Antonio Machado incluyó en *Campos de Castilla* (1912) y que probablemente se elaboró en base a una leyenda en prosa del mismo nombre incluida también en la colección (Walsh 256-59). Aunque la aparición de la luna, el fuerte telurismo, las consideraciones económicas y el papel del instinto en el poema machadiano pudieran haber hecho cristalizar ciertos enfoques del drama lorquiano, el relato cuasi-bíblico del doble homicidio filial/fraternal versificado por Machado tiene poco que ver con el caso de fatalidad sexual dramatizado por Lorca. También se ha alegado que *Bodas* habría sido imposible sin la previa aparición de *El amor brujo* de Gregorio Martínez Sierra y Manuel de Falla (259).

Todas estas cualidades nos traen el caso de *Niebla* de Unamuno, que, si no tanto en el lenguaje ni en sus dimensiones simbolista/surrealistas, aunque sí en casi todo otro aspecto, demuestra una larguísima serie de semejanzas con *Bodas de sangre*. Un reciente estudio de Ciriaco Morón Arroyo (27) sugiere que otra tragedia lorquiana, *La casa de Barnarda Alba* (1936) puede basarse en en el hermetismo arquitectónico, el deseo reprimido y la lucha de hermanas por el mismo hombre de otra narrativa unamuniana, *El marqués de Lumbría* (1920), y esta posibilidad refuerza la promesa de un examen detenido de *Niebla* y *Bodas de Sangre*.

El capítulo XXI de *Niebla* presenta la novelita intercalada de don Antonio, la más lograda y más importante de la obra. Narrada en primera persona por el personaje autoconsciente al igualmente autoconsciente Augusto Pérez, ambos personajes en la meta-*nivola* de Víctor Goti, la historia recuenta la triste vida de un hombre que, casándose por una loca pasión no correspondida con una mujer inescrutable, resulta decepcionado cuando la mujer/esfinge se escapa con otro hombre:

> Un día faltó a casa por la noche, me puse como loco, la anduve buscando por todas partes, y al día siguiente supe por una carta seca y muy breve que se había ido muy lejos, muy lejos con otro hombre… El hombre con quien huyó era un hombre casado, que no sólo dejó a su mujer y a una pequeña niña para irse con la mía, sino que se llevó la fortuna toda de la suya, que era regular, después de haberla manejado a su antojo. (109-10)

El incidente no sólo es una duplicación interior del argumento global de *Niebla* (Augusto se enamora perdidamente de Eugenia, quien ha tenido recientemente otro novio; solicita y por fin obtiene la mano de aquélla; se fijan las bodas; Augusto anuncia su felicidad y Eugenia termina por fugarse con el otro novio a un lugar lejano) sino un perfecto resumen de toda la acción de *Bodas de sangre*: el Novio inocente se enamora de la Novia que acepta a regañadientes casarse con él; se fijan las bodas y se arreglan los asuntos económicos con gran formalidad; después de la boda la Novia se escapa con el viejo novio, más carismático, más macho. En las dos obras el novio inocente muere trágicamente (en *Niebla* esta tragedia se complica, fundiéndose con una buena dosis de humor). Augusto se suicida o deja de aparecer en las páginas de la *nivola* que Víctor, "Unamuno" y el lector combinan sus esfuerzos imaginativos para "escribir." El Novio en *Bodas* muere a manos de Leonardo, el raptor, igual que éste muere simultáneamente a manos de aquél. Si a la postre comparamos la trama de *Bodas* con la de la novelita de don Antonio intercalada en *Niebla*, vemos que las dos esposas se escapan con hombres casados y que, a diferencia del inauténtico y tragicómico panoli de Augusto Pérez, los esposos burlados traman una venganza. De esta forma, gran parte de *Bodas de sangre* se revela como lo que quedaría de *Niebla* si se prescindiera de sus dimensiones metafísicas y cómicas. A continuación sigue una comparación de ciertos detalles claves de las dos obras en cuestión.

La primera palabra pronunciada por el Novio en el drama de Lorca es la de "Madre," y, provocado por esta madre, el Novio pronto finge llevarla a los viñedos para efectuar su seducción:

NOVIO (Coge de un brazo a la Madre y ríe.) Madre, ¿y si yo la llevara conmigo a las viñas?
MADRE ¿Qué hace en las viñas una vieja? ¿Me ibas a meter debajo de los pámpanos?
....

MADRE	Tú padre sí que me llevaba. Eso es buena casta. Sangre. Tu abuelo dejó un hijo en cada esquina. Eso me gusta. Los hombres, hombres; el trigo, trigo.
NOVIO	¿Y yo, madre?
MADRE	¿Tú, qué?
	(14; I, i)

El intercambio recuerda la constante fuerza edípica que doña Soledad, la madre recién difunta de Augusto Pérez, infunde en su hijo en *Niebla*. Temiendo una repetición de la violencia que segó la vida de su esposo, de otro hijo suyo y de varios familiares varones, la Madre lorquiana casi a renglón seguido le dice al Novio: "Que me gustaría que fueras una mujer," preludio a la falta de carisma machista que evidenciará su hijo a los ojos de la Novia (14; I, i). Cuando más tarde la fiera Novia se vanagloria de su fuerza y terquedad hasta entonces reprimidas, grita: "¿No he hecho yo trabajos de hombre? ¡Ojalá fuera!" (46; I, iii). Este trocar de identidad sexual se encuentra también en *Niebla*, no sólo en la masculinizante dictadura que Eugenia ejerce en la vida de Augusto sino también en los lloriqueos del tenorio Mauricio. Como confiesa éste al reconocer que el verdadero seductor y motivador no es él sino su compañera: "¡Soy tan débil! Si yo hubiera nacido mujer...." (87; cap. XVI).

La Madre de *Bodas* pronto insinúa que la Novia no poseerá la virtud intachable que merece su hijo (15), ya que éste es virgen (40; I, iii). Sabe que la Novia ha tenido un novio anterior, un tal Leonardo, procedente de la misma casa Félix involucrada en la muerte de sus familiares (16-22). De manera parecida, casi desde el primer momento Augusto Pérez recuerda las preocupaciones de su madre de que encuentre una mujer virtuosa que le sea fiel y que sepa mimarle como ella misma lo había hecho (42-44; cap. V). Eugenia se parece a la mujer virtuosa que doña Soledad seleccionaría para Augusto como se parece la Novia lorquiana a la esposa que deseara la Madre para su propio hijo: Es decir, en nada. La portera Margarita y la tía Ermelinda le informan a Augusto que, como en el caso de la Novia lorquiana, Eugenia ya tiene otro novio muy macho, el vago Mauricio que, por ende, carece de trabajo y de fondos para casarse. La Mujer de Leonardo después revelará que su marido tampoco tiene dinero para alimentarla y vestirla.

El Novio es rico; Augusto también. El Novio y su Madre piensan erróneamente que la habilidad de comprar lo que se les antoje viene acompañada del derecho de dirigir las vidas y corazones de los demás (31-32; I, ii). Augusto calcula mal que comprar la hipoteca que grava sobre la casa de Eugenia le va a permitir llevarla al altar (caps. XI, XIII). La Criada de la Novia le dice al Novio: "¡Qué familia la tuya! ¡Machos entre los machos!," a lo cual el Novio con perfecta autoconsciencia psicológica e intención metateatral responde: "Yo tengo menos estatura" (82; II, ii). Después de su visita al ginepsicólogo Paparrigópulos, Augusto declara que va a llevar a cabo experimentos sexuales con Eugenia y Rosario, pero cuando no puede continuar con la intentada seducción de Rosario, ésta piensa de la ineptitud sexual de Augusto: " Lo que no se sabe no se hace" (126; cap. XXIV). Don Fermín, el tío de Eugenia, le recuerda a Augusto que la teoría e instrucción sexuales no valen nada, pues el único conocimiento sexual es el adquirido "post nuptias." Tras el enlace, el Novio de *Bodas* intenta enérgica e ineficazmente seducir a la Novia, quien alega la presencia de muchos invitados, una jaqueca y su miedo ante tanto ardor (85-88). Cuando Augusto trata de abrazar a Eugenia después de que ésta se compromete a casarse con él, la novia le rechaza con un apelo hipócrita a lo sagrado del período de espera (139; cap. XXIX). En vísperas de la boda, la Madre del Novio trata de explicarle al hijo virginal cómo se hace el amor, ya que el joven sin experiencia ya no tiene padre que se lo enseñe (90). Cuando Augusto es niño, su madre intenta acompañarle en sus lecciones de fisiología, pero el disfuncional Augusto más tarde tiene que admitir el fracaso de su intento (43; cap. V). En todos estos intercambios sexuales por parte de los personajes lorquianos se exhibe un rico repertorio de imágenes de ambos sexos en contextos tanto hetero como homosexuales: las navajas, el trigo, el caballo, la cola de caballo, el esparto, los árboles, el cuchillo, la víbora, la lengua. La misma ambivalencia sexual y a veces asexualidad impera también en *Niebla*, como notare Lorca, pues Augusto cavila sobre la estética de un paraguas cerrado y sueña con águilas y nubes volantes, con neblinas, con peces, con estrellas mellizas, con nébulas, con palomas y con habanos y ceniceros.

¿Qué, a fin de cuentas, podría haber apropiado Lorca consciente o inconscientemente de *Niebla* para poder después confeccionar un drama portador de un *gestalt* dramático-lírico eminentemente suyo? La primera cosa, presente también en Machado, es la nota financiera, ya que Unamuno recalca en cada momento la tremenda brecha ecónomica entre el señorito Augusto y su "novia," los tíos de ésta, su propia planchadora, sus sirvientes y su rival (Franz, "The Discourse" 521-39). Como afirman José Ortega, Josephs y Caballero, Ruiz Ramón y Anderson, gran parte de *Bodas* se sustenta sobre esta dimensión, aunque su espacio en el texto es mínimo (Anderson 53-54). Más importante que esta nota, sin embargo, serán las obligaciones edípicas impuestas en su hijo (Augusto) por parte de una madre desprovista de esposo al que añora de manera libidinesca (la madre de Augusto conserva en el cenicero el puro gastado del esposo difunto). Otra nota de

Niebla visiblemente presente en *Bodas* es la dificultad (a veces imposibilidad) de encontrar un matrimonio feliz. En la *nivola* casi todas las historias intercaladas (las de Avito Carrascal, Don Emeterio, Víctor y Elena, don Eloíno, don Antonio) sirven de parábolas para aleccionar (inútilmente) a Augusto respecto a los riesgos de casarse. En *Bodas* Leonardo y la Mujer de Leonardo se han casado mal, el Padre de la Novia ha perdido a su mujer, la Madre llora al esposo asesinado y la Novia burla al Novio después de casados. En las dos obras se ve claramente que los juegos y buenas maneras del cortejo no sirven de preparación adecuada para los rigores de la vida casada en un mundo poblado de lobos. En *Niebla* y en *Bodas* la castidad masculina prenupcial recetada por la cultura religiosa resulta ser un impedimento a la fidelidad posterior de la novia. Ni en la *nivola* ni en el drama puede la madre impartir una orientación suficientemente masculina al novio cuando a éste le falta tanto la experiencia propia como el ejemplo concreto de otros hombres.

La nota localista en *Niebla* (presente también en Synge y Machado) que se destaca con constantes alusiones al ambiente salmantino no podría pasar desapercibida por Lorca después de su viaje a la ciudad del Tormes. Se trata de referencias al casino, la alamedilla, la iglesia románica de San Martín, parodias de *La Celestina*—supuestamente ubicada en Salamanca—y el viaje a Salamanca que hace Augusto (Franz, "Augusto's Mysterious," 90-93). Este escenario específico pero minimalista preferido por Unamuno, junto con la anécdota del "crimen del Níjar," el telurismo de "La tierra de Alvargonzález" y la desnudez simbólica de *Riders to the Sea*, podría haber contribuido a enriquecer el escenario intensamente andaluz de olivos, tierras secas y viviendas trogloditas al estilo de Guádix que caracteriza a *Bodas*. En este contexto, importa recordar que en su entrevista de la Habana de

1930, Lorca había alabado el poder intuitivo de Unamuno "por estar tan arraigado en nuestro suelo" (Marichal 20). En *Niebla* la concentración de imágenes fálicas impuestas por la cultura que le tormentan a Augusto en los primeros capítulos de la *nivola* augura los fracasos sexuales de éste en los capítulos posteriores al igual que en *Bodas* las múltiples referencias a los cuchillos en el primer cuadro prefiguran, no sólo la lucha a navaja que se recuenta en el tercer acto, sino, de manera más importante, las metas sexuales que eludirán al Novio. La exposición por parte de Unamuno de que aun el macho más confiado como Mauricio queda asaltado de dudas sobre su habilidad de desempeñar el exagerado papel masculino con que mujeres como Eugenia le encumbren se ve repetida en el sentido de inferioridad sexual que exhibe el Novio en el drama de Lorca. En la persona de Eugenia, Unamuno presenta la perspectiva de que la "mujer del porvenir" (las palabras son del tío, don Fermín), ya aparecida en los primeros años del siglo, resiente más que nada la disparidad entre su propia marginalidad y los privilegios económicos y sexuales del hombre. Aunque Eugenia todavía no es la Gertrudis de *La tía Tula* (1921), está en camino de negar su propia participación en un mundo donde la cultura dominante reparte empleos, elige novios, y declara qué tipos de discurso le son apropiados a la mujer. La Novia lorquiana también rechaza las bodas arregladas para cimentar finanzas, el sexo al servicio de las apariencias exteriores y la repartición de los papeles de acuerdo con las tradicionales nociones sexuales (aunque, a diferencia de Eugenia, la Novia se calla, negando expresar sus frustraciones por medio del discurso "masculino" de la razón). Finalmente, como en Schopenhauer, Nietzsche y Freud, las dos obras proponen una relación intrínseca entre el amor y la muerte. En *Niebla*, Víctor Goti se siente de repente viejo después del nacimiento del hijo tardío, mientras que la locura de Augusto por Eugenia conduce inevitablemente a la muerte del enamorado. En *Bodas*, el enamoramiento del Novio y el rapto de la Novia por parte de Leonardo producen la muerte de los dos rivales, aunque ni el uno ni el otro ha consumado su relación con ella. Tanto en *Bodas* como en *Niebla*, las relaciones nunca consumadas son indicativas del alto plano artístico-intelectual en que ambos dramas se llevan a cabo.

En vista de la manera en que el argumento de la intercalada novelita de don Antonio, y, en efecto, el de toda *Niebla* prefiguran el de *Bodas*, y teniendo en cuenta todos los otros paralelos de psicología, orientación cultural y simbolismo, además de la influencia paternal que Unamuno siempre ejerciera sobre Lorca a pesar de una amistad algo distante, es difícil creer que *Niebla* no influyera fuertemente en la concepción y composición de *Bodas de sangre*. Si exceptuamos consideraciones de lenguaje poético, que tampoco se encuentran igual en Synge que en Machado, o del humor y metafísica unamunianos, ninguna otra obra de las sugeridas hasta ahora tiene tantas semejanzas fundamentales con la tragedia de Lorca. Cuando Lorca tenía diecinueve años, se esforzó por conocer personalmente a Unamuno, y éste, intuyendo quién era Lorca y previendo un posible futuro brillante para el joven poeta tan visiblemente aturdido de confusiones y dudas, le recomendó la honestidad: que Lorca confesara y proyectara su esencia íntima por medio de su obra. A lo largo de su asociación con el granadino, Unamuno parece haber reconocido el cumplimiento de sus consejos en la obra del poeta y dramaturgo, y así seguía respaldándole y defendiéndole contra sus detractores más intencionadamente crueles. Por su parte, Lorca agradecía la clave psíquica y artística que le concedían la obra y amistad de Unamuno. Por esto no sólo declaraba Lorca que don Miguel era "el primer Español" sino que le dotaba de un poco de eternidad por usar veladamente partes de la inspiración unamuniana en su propia obra.

III
El discurso de clases en *Niebla*

SIGUIENDO LAS DECLARACIONES DEL propio Unamuno, suele creerse que dejaron de plantearse las preocupaciones sociales en sus novelas publicadas entre *Paz en la guerra* (1897) y *Cómo se hace una novela* (1927). No es esto del todo correcto si se le otorgan a Unamuno sus peticiones tardías—expuestas en varios prólogos de una segunda y tercera ediciones—de que el odio y la envidia se vean en cierto número de narrativas suyas, más notablemente en la segunda edición de *Abel Sánchez* (1928), como reflejo de sendos problemas nacionales. Tampoco resultará correcto si nos ponemos de acuerdo con sus aserciones posteriores de que el supuesto ensayo *Vida de Don Quijote y Sancho* (1905) y el poemario *Teresa* (1924) son en realidad novelas que tratan del ambiente cultural y psicológico contemporáneo. Aunque esta clase de aserciones tiene cierta validez, los lectores más informados de la obra unamuniana no están de acuerdo con la idea de aceptar etiquetas tan amplias ni con la noción de que las preocupaciones sociales jueguen un papel tan importante en estas obras. Pero, aunque nos neguemos a concerderle a Unamuno sus peticiones de aplicar un contexto social a muchas de sus obras no miméticas, hay todavía algo muy curioso en la idea de una ausencia de treinta años de todo enfoque social en su obra. No hay que olvidar que Unamuno era de antaño un destacado socialista, que continuaba abordando cuestiones laborales y económicas en su prosa periodística y que a lo largo de seis lustros insistía en que su poesía y filosofía debieran leerse como actos políticos.

El presente capítulo ofrece una revisión de la cuestión del enfoque social en la obra creativa de Unamuno. Por medio de la selección de un ejemplo revelador, intenta demostrar cómo, en la periferia de las preocupaciones metafísicas y metaficticias de sus obras—y aliada con éstas de manera discursiva—hay una exposición coherente de la lucha de clases. Es más, este conflicto—que sirve para motivar gran parte del diálogo, intriga sexual y amistad entre los personajes—se expresa en discursos que logran duplicar la misma estrategia retórica por medio de la cual las obras plantean la posible existencia de Dios. Estos discursos paralelos—primero el metafísico y después el socio-económico—parten del supuesto explícito y complícito de que en cualquier conflicto existen las semillas de su propia solución.

La novela unamuniana que la crítica analiza más frecuentemente sin considerar su dimensión social es *Niebla*. Cuando el contexto social se admite de forma breve, y casi a regañadientes, suele ser para señalar que Augusto Pérez, siendo un hombre acomodado, no necesita trabajar; que Eugenia prosigue con su odiado empleo por heredar una casa gravada con una hipoteca grande; que el adinerado Augusto intenta enamorar a Eugenia por la compra y obsequio de la hipoteca; que Rosario ("la del planchado") no se acostumbra a refrenar sus inclinaciones sexuales. Considerados como suelen presentarse, estos particulares no consituyen la sustancia adecuada para un análisis social, sino que son los ingredientes para constituir una obra de *vaudeville* o de melodrama con respecto al fenómeno del amor. Existen, sin embargo, ciertas perspectivas críticas que podrían servir para orientarnos en otra dirección. Ribbans ha señalado que, en una carta a su traductor norteamericano, Warner Fite, el 28 de junio de 1927, Unamuno insistía en que Rosario era todo menos una mujer tímida: "En efecto, el sentido [de las palabras 'Cualquier día vuelvo a darme un rato así'] es el primero que usted supuso y es que Rosario piensa que no volverá a calentar el deseo que Augusto tiene de Eugenia. Y la expresión que empleo de 'la ingenua mozuela' es irónica, pues el pensamiento de Rosario es muy poco ingenuo y muy poco limpio" (*Niebla y soledad* 122). Feal también insiste en que, a pesar de las obvias diferencias de personalidad y estatus social, Rosario y Eugenia se encuentran igualmente dispuestas a manipular a Augusto (99-100). Olson subraya el esquema cada vez mayor por parte de Rosario y Eugenia de troquear su vida sentimental por la seguridad financiera (*Unamuno* 51-52); la buena voluntad de Rosario de permitir que el torpe de Augusto haga lo que le plazca con ella, incluso su iniciación de varios intentos fracasados de hacer el coito (54-57); y la comprensión intuitiva y silenciosa de toda esta situación por parte de los arquetípicos domésticos Liduvina y Domingo (57). Es, en efecto, el denominador común de la clase social lo que crea un haz de todas estas situaciones dispares que involucran a una maestra de piano, a una planchadora y a un par de domésticos. Una mirada breve sobre la situación social y la representación de éstos y otros domésticos al doblar el siglo constituye un necesario preludio a cualquier enfoque social sobre la novela.

Para 1907 (fecha cuando, según Valdés ["Introducción" 47], ya se había compuesto la mayor parte de *Niebla*) las profesiones domésticas ya habían sido durante largo tiempo enfoque de comentario social en la literatura y las artes plásticas. El *Eugénie Grandet* (1833) de Balzac, en la persona de Nanon, la leal empleada que hurta a su ama, suministraba el modelo de sirviente que utilizaría Galdós en su creación de Nina, la protagonista de su *Misericordia* (1897). Anteriormente, durante los comienzos del realismo, Goncharov se había enfocado en el maltratado criado Zakhar en su obra maestra *Oblomov* (1859). En 1877, Eça de Queiroz había descrito a Juliana, la resentida planchadora de *O primo Basílio*, que tanto logra chantajear a su amorosa ama Luísa, que logra trocar de papel con ella. Para mediados de siglo, tanto Gavarini como Daumier habían producido grabados de planchadoras que constituían fuertes asertos sociales. En 1873, Degas había exhibido "Mujer que plancha," con su representación de los sensuales brazos desnudos de la planchadora y la calidad agobiadora de su trabajo. Inherente en los retratos de estas mujeres estaba, según las palabras de Thomson, "su supuesta susceptibilidad a los avances de varones amorosamente inclinados" (58; traducción mía). Eunice Lipton ha comentado que, en la pintura francesa de las planchadoras llevada a cabo en los últimos años del siglo XIX, "Generalmente la verdadera labor se esquivaba. Entre los retratos de planchadoras, se encuentra raras veces la representación del trabajo físico; casi todas las planchadoras directa o indirectamente flirtean con el vidente" (Malcolmson 6; traducción mía). La misma comentarista agrega: "Al vidente se le invita a apreciar el atractivo del escote del sujeto y no su destreza al ejercer su profesión." Lipton señala que el trabajo de lavandería era un trabajo cálido; le dio al artista una excusa de representar a la empleada en condición semi-desnuda," notando que, en contraste, en Inglaterra, la situación de clase marginada de la planchadora exponía a ésta como "objeto de escarnio" (6). En contraste, el arte español de las últimas décadas del siglo XIX y de las primeras décadas del siglo XX exalta la labor doméstica y manual sin dejar de subrayar las inclinaciones sexuales del obrero. "La planchadora" (1904) de Picasso, obra de su "época azul," representa a una mujer que suda con su labor y que se ha desnudado hasta la camiseta para poder llevar a cabo su trabajo con más facilidad y así escapar de lo monótono e incómodo de su empleo (Cassou 49). "Taller. Fábrica de tabacos de Sevilla" de Bilbao y Martínez (1921) evoca una época que recuerda al acto I de *Carmen* de Bizet, con toda la sensualidad femenina de la cigarrera a la que alude esta situación (Du Gué Trapier 230).[1] Varios cuadros de

---

[1] Un sondeo tanto de historiadores del arte como de bibliotecarios especializados, además de una consulta del catálogo del Mesón del Buen Retiro del Museo del Prado, del catálogo del Musée du Louvre, del Departamento de Iconografía de la Hispanic Society of America no ha producido ninguna colección importante de pinturas españolas que pudiera representar de forma más directa la mezcla particular de sexo y manipulación social encontrada en *Niebla*. En general, hay menos desnudez parcial y menos sentido del espectador como *voyeur* en la pintura social española que en la de otros países europeos durante los treinta años antes o después de la composición de *Niebla*. Investigadores futuros querrán explorar la todavía desconocida influencia que los grandes centros del arte finisecular—París, Viena—ejercían sobre la creación de una tradición de conciencia social y aún de una actitud de censura moral que llegaron a reflejarse en la pintura española del mismo período. El tomo *Arte español del XIX: Salas del Museo del Prado en el Casón del Buen Retiro* (1971), publicado por la Dirección General de Bellas Artes del Ministerio de Educación y Ciencia ofrece una lista de pintores sociales españoles del período cuya obra podría servir de un examen de la parte española de esta ecuación dentro de los museos españoles y foráneos (26, 38). En la preparación de este capítulo quisiera mencionar a las siguientes personas: a Gerald D. Mac Donald, Conservador de la Bibliotca de Arte Moderna de la Hispanic Society of America; al Prof. Oscar A. Vásquez del Departamento de Arte e Historia del Arte de Binghamton University; a Ann Braxton, Jefa de la Sección de Bellas Artes de Alden Library de Ohio University; a la Prof. Jody Lamb, del Departamento de Historia del Arte de Ohio University; al Prof. Conrad Kent, del Departamento de Lenguas

Julio Romero de Torres presentan mujeres con navajas y flores en la mano cuyas guarniciones se prestan a una acentuación de la dimensión sexual. Otros pintores y fotógrafos representan nodrizas y pregoneras de pescado con igual luz simbólica. De hecho, la tradición europea del uso del sexo para su propio provecho por parte del proletariado es larga y todavía sin clausura. En 1877 vemos a Zola completando su publicación de *L'Assomoir*, cuya protagonista, la planchadora Gervaise, sueña con acceder a los favores de hombres de más categoría como escape a la pobreza y alcoholismo de su propio esposo. Varios cuadros de Degas y de Manet, el amigo de Zola, representan obreras pobres convertidas en prostitutas. *La sonata de Kreutzer* (1889) de Tolstoi hace que el rico Pozdnuichev sospeche que un pobre maestro de piano haya logrado equipararse a la burguesía por medio de la seducción de la esposa de aquél. Aún en *Amor y pedagogía* (1902) del propio Unamuno la sirvienta, que lleva el nombre estereotipado de Petra, da claras muestras de sus motivos arribistas al dejar que el inadaptado Apolodoro la seduzca para que ella y su futuro hijo puedan tener sitio en una familia segura, situación duplicada y aún mejorada por la criada Manuela en *La tía Tula* (novela publicada en 1921 pero iniciada alrededor de 1902), que no sólo logra quedarse embarazada del desdichado Ramiro sino que también recibe el apoyo decisivo de la moralista Gertrudis en su intento de convencer a Ramiro de que se case con ella. El esquema sexual y la falsa modestia de la sirvienta en cada una de estas novelas paralela los intentos de Rosario en *Niebla*.

Uno de los pensamientos iniciales de Augusto Pérez en su

Modernas de Ohio Wesleyan University; y al Profesor Douglas P. Hinkle (Emeritus), del Departamento de Lenguas Modernas de Ohio University.

famoso paseo que inicia *Niebla* es que los obreros y pobres que ve son golfos (28; cap. I). Es curioso que personas de tan diversa condición como un chocolatero, un pordiosero y un cojo empobrecido estén amontonados como indeseables en la mente de Augusto, iniciando de manera completamente disparatada los motivos de la distinción y manipulación arbitrarias de las clases que permanecerán vigentes a lo largo de toda la novela. La tendencia del protagonista a formular juicios negativos sobre la clase obrera se intensifica cuando Augusto, al contemplar a Margarita, la portera de la casa de Eugenia, y al concluir con cierto resentimiento que ésta va a esperar pago por cualquier información que pueda suministrarle, lamenta no tener cambio de menos valor para satisfacer su molesta obligación (28). Necesidades libidinesco-egoístas como las de Augusto han programado bien a Margarita y, al reconocer su propio interés, ésta ofrece más información y cooperación de la que había solicitado Augusto. Por esto, en el segundo encuentro entre el señorito y la portera, ya tiene ésta una sonrisa en la cara y la mano posada para recibir una propina más generosa (33; cap. II). Podemos concluir que para el capítulo V Augusto ha dado otras muestras de su generosidad, porque Margarita ya se ve compinchada con él en su intento de obtener la mano de Eugenia. No se equivocaba la portera en su cálculo de la fortuna del señorito, puesto que, en las primeras líneas del capítulo II ya se nos informó de que Augusto, el hijo único, había heredado todo el dinero de sus padres y gozaba del cuidado de dos sirvientes que también habían atendido a sus progenitores. En vista de los largos años de casados, años sin descendencia, de estos sirvientes, y considerando su continuo miedo de que Augusto les despida, la pareja adopta el papel de cautivos de la lealtad de un patrón desagradecido y de los factores económicos que rigen su insegura profesión. Hay, además, algo en la mera presencia de Augusto que delata su patrimonio, como se ve en los primeros pensamientos de Eugenia: "¡No tiene mal porte y parece bien acomodado!" (33).

Cuando Augusto discute sus fantasías románticas en presencia de sus dos sirvientes, Liduvina y su esposo Domingo, empezamos a notar una fuerte diferencia de valores. Augusto se explaya de manera extática sobre la teórica destreza de Eugenia para tocar el piano, habilidad que le impresiona por su aspecto de inutilidad, por ser una seña de su supuesta libertad de la obligación de trabajar. Está completamente equivocado porque Eugenia se encuentra esclavizada al piano por la necesidad de pagar sus deudas; pero este error es menos importante que el papel de Augusto de ser el que, por medio del matrimonio, vaya a estar en situación de convertir la obligatoriedad de la música de Eugenia en indicativo de un distinto estatus económico: se convertirá en el futuro en el pasatiempo frívolo de una esposa adinerada. Liduvina, que sólo puede pensar en términos de la vida difícil que comparte con su marido, no puede leer la seña clasista percibida y, en efecto, creada por Augusto para adornar a la pianista: "—¡El piano! Y eso ¿para qué sirve?" (39; cap. IV). Cuando Augusto, sintiéndose repugnado por lo práctico del comentario de Liduvina, responde "Estoy harto de servicios....," la sirvienta inmediatamente revela la paranoia económica de los que viven del servicio doméstico, gritando: "—¿De los nuestros?" Augusto defiende la música de piano que producirá su futura esposa al apelar a la "armonía" del instrumento, y Liduvina vuelve a responder en términos del código lingüístico de su clase: "¡Armonía! ¿Y eso con qué se come?" Al enterarse de que la pianista con quien Augusto sueña como futura esposa no es otra que Eugenia Domingo del Arco, Liduvina tiene ganas de informarle de que esta mujer tiene mala fama, pero se tapa la boca por depender completamente de la buena voluntad y finanzas de su amo:

—…¿Qué, la conoces?
—Sí… de vista….
—No, algo más, Liduvina, algo más….
—Es buena muchacha, sí, buena muchacha….
—Vamos, habla, Liduvina… ¡por la memoria de mi madre!…
—Acuérdese de sus consejos, señorito. (39)

Los "consejos" aluden a la súplica por parte de su madre de que escoja con cuidado a su futura esposa, súplica a la que el otras veces prudente y correcto burgués hace la vista gorda por ser un apoderado del sexo y de la posibilidad de obtener esposa por medio del control económico.

Cuando Augusto, portándose a la Calisto, sigue al canario a la casa de Eugenia (la alusión a *La Celestina* evoca asociaciones con malos sirvientes obedeciendo dictámenes económicos), el anuncio de que es hijo de la distinguida doña Soledad impresiona mucho a Ermelinda, la tía de Eugenia, porque la riqueza de aquél puede utilizarse para alejar a Eugenia de su novio holgazán y desempleado. En pocos minutos Ermelinda ha concebido un plan para casar a su sobrina con el consiguiente beneficio para toda la familia: "—Pues bien, mi señor don Augusto, pacto cerrado. Usted me parece un excelente sujeto, bien educado, de buena familia, con una renta más que regular… Nada, nada, desde hoy es usted mi candidato" (47; cap. VI). Ermelinda entonces le sugiere a Augusto que su sobrina está madura para dar el paso, ya que, cuando su padre se suicidó tras una imprudente especulación en la Bolsa, Eugenia se quedó con una hipoteca inmensa que no iba a poder desgravarse ni con sesenta años de enseñar piano. En un instante Augusto traza su plan de comprar la hipoteca y obligar a Eugenia a expresar su agradecimiento rindiéndose a su afecto. La feliz Ermelinda después le informa a Eugenia de la visita, recalcando el dinero considerable de Augusto y aludiendo al matrimonio de la sobrina con él como la única solución para sus problemas económicos. El incidente entero—la alusión a *La Celestina*, los recuerdos de doña Soledad, la evocación del novio insolvente, el dinero de Augusto, el suicidio del padre, la hipoteca, las lecciones de piano y la posibilidad de contraer matrimonio—está concebido dentro de moldes económicos y dentro de los privilegios que confiere el dinero.

El motivo económico es implacable. En el capítulo VIII, Eugenia revela su desprecio hacia la música, admitiendo que toca el piano sólo para matenerse a flote. Cuando su tío feminista Fermín se mete para decir que el trabajo es un mecanismo necesario en la emancipación de la mujer, la muy interesada Ermelinda le calla. Ni sobrina ni tía tienen interés en los caminos teóricos hacia la libertad sino en los resultados inmediatos, o, por lo menos, en las señas de que se producirán resultados positivos en una fecha no muy remota. Es por esto que, cuando Eugenia tiene su próximo encuentro con su novio Mauricio, utiliza el dinero de Augusto y la posibilidad de casarse con él como recursos para presionar al golfo para que encuentre empleo. Aunque la exhibición de destreza sexual por parte de Mauricio le hace infinitamente más deseable que Augusto como amante, lo que Eugenia desea en el fondo es su restauración al estatus que gozaba antes de que la bancarrota y el suicidio de su padre la obligaran a desempeñar el papel de obrera.

El capítulo XII marca la entrada de la planchadora Rosario, que constituye el vehículo más importante de exposición social que hay en *Niebla*. Liduvina la anuncia sólo como "la del planchado," sinécdoque que indica sin lugar a dudas que todo lo circundante a esta chicuela se va a definir en los ámbitos de su acondicionamiento social y los límites impuestos por su clase económica. Tanto la manera en que Augusto recibe con indiferencia el anuncio de la llegada de la planchadora como el modo en que Rosario alegremente empieza a despachar revelan que la escena entre estos dos personajes es sólo la reproducción de otras anteriores que han acontecido sin la presencia del lector. La cuestión, sin embargo, es por qué Rosario necesitaría tratar personalmente con Augusto un asunto tan pedestre como la ropa planchada, ya que Liduvina y Domingo siempre estaban allí para engargarse de esas cosas. Esto se ve claramente en el capítulo XXVII cuando Rosario desiste de su empeño de conquistar a Augusto para poder dedicarse a su nueva aventura con Mauricio. Sin la posibilidad del encanto experimentado por Augusto en la presencia de Rosario, son los domésticos los que ahora le traen la ropa. Parece ser que Rosario trata directamente con Augusto por insistencia de la misma Rosario. Sabemos en base de las tristes acusaciones de Rosario que Augusto nunca había hecho caso de la apariencia física de la planchadora hasta el capítulo XII, cuando su propio enamoramiento y sufrimiento a manos de Eugenia le habían abierto los ojos a los encantos de Rosario y otras mujeres. De hecho, su tratamiento negligente de la planchadora había constituido un ataque frontal al autoconcepto de Rosario, acostumbrada como estaba a recibir atenciones abiertamente libidinosas en otras casas ("¡No fijarse en ella! ¡No mirarla como la miraban otros hombres!" [68]). Las atenciones actuales por parte de Augusto hacen que Rosario empiece a llorar y pronto, a instancias de aquél, la vemos sentada en sus rodillas aceptando caricias poco discretas y cediendo a sus súplicas de que ella lo defienda de sus agonizantes recuerdos de Eugenia. Los actos presentes y futuros de Augusto no dan lugar a dudas con respecto al tipo de "auxilio" que quiere. Cuando Augusto descaradamente le hace prometer que le "querrá," tanto él como ella entienden precisamente lo que pide el señorito, y la empleada sin demora accede a sus deseos. Rosario posteriormente se ofende cuando el tímido Augusto pide perdón por actos de agresión que ella hace años se había acostumbrado a abrazar como parte del proceso económico de sobrevivir. Liduvina comprende todo lo que ha venido aconteciendo de puertas adentro, y entra sólo después de reconocer que la visita ha concluido, reconociendo tanto la explotación de la empleada como sustituta de la inaccesible Eugenia como el fracaso sexual de Augusto, que claramente no ha logrado hacer el amor con Rosario ("ya me supongo que no ha pasado a mayores" [70]).

Para principios del capítulo XVIII, Augusto usa formas familiares para dirigirse a Rosario. Por su parte, "la del planchado" siempre se demora cuando está cerca de Augusto con el pretexto de hablar con su patrón. Augusto empieza a fijarse en el cálculo y atrevimiento de ella: "Pero, ¿esto es ingenuidad o qué es?" (93). Por su parte, Augusto se interesa torpemente por la vida sexual de su empleada:

—…Di, ¿tienes novio?
—Pero qué pregunta…
—Dímelo, ¿le tienes?
—¡Novio… así novio… no!
—Pero, ¿es que no se te ha dirigido todavía ningún mozo de tu edad?
—Ya ve usted, don Augusto…
—¿Y qué le has dicho?
—Hay cosas que no se dicen… (94)

Rosario ha tenido amantes pero se queda sin novio. Cree que tanto su situación de planchadora como su comportamiento con Augusto declaran su anterior experiencia sexual. Ha preferido que sus actos y no sus palabras expresen sus intenciones. Reconociendo la implicación de sus palabras, Augusto se pone aprehensivo y no puede funcionar como representante de su sexo. Acusando su fracaso, se asombra del salero de Rosario: "La repentina serenidad de la mozuela le asustó más aún" (95)

Cuando Eugenia y Augusto se separan de su abrazo en el capítulo XIX, Liduvina, que siempre se entromete discretamente al concluirse las intimidades—como si escuchara tras la puerta—anuncia que Rosario espera a Augusto. En su conversación, Rosario admite saber cómo Augusto la usa como sustituta pero que no le importa el subterfugio, ofreciendo esta explicación reveladora:

> Si usted supiera, don Augusto, cómo me he criado y en qué familia, comprendería que aunque soy una chiquilla estoy ya fuera de esas cosas de celos. Nosotras, las de mi posición.... (106; cap. XX)

Aunque tiene sólo diecinueve años, ha visto y experimentado mucho en el mundo de los hombres y sabe cómo ha de portarse con ellos, particularmente con los de posición y dinero, para poder aprovecharse y sobrevivir. Después de descubrir su alma proletaria, rechaza otras muestras de pasión por parte de Augusto hasta que éste le otorgue la seguridad de que va a romper con Eugenia. Augusto aclara que comprende del todo los términos de este regateo difícil: "—Basta, te entiendo" (107).

Cuando Rosario se va, el valete Domingo le da a Augusto algunos buenos consejos proletarios sobre las mujeres. Si un hombre tiene mucho dinero, debería tener múltiples esposas, porque el dinero le permitiría borrar cualquier rastro de ilegalidad. Si un hombre tiene muchas esposas, ninguna tendría celos de los favores compartidos con las otras, con tal de que recibiera una generosa recompensa en forma de dinero, ropa, hijos y buenos manjares. Antes de servir a los padres de Augusto, Domingo había estado trabajando en muchas casas de prestigio y allí había aprendido los secretos de la vida burguesa, en especial la manera en que el dinero desarraiga cualquer sospecha de inmoralidad. El mensaje de estos pasajes tiene una curiosa semejanza con los consejos que Feijoo le ofrece a Fortunata sobre la importancia del decoro en la parte III de *Fortunata y Jacinta* de Galdós. (Ver nuestra discusión centrada en este particular en el capítulo I.) Representando, como él dice, "nuestra clase" (108), Domingo le asegura a Augusto que los que sirven no tienen tiempo para sutilezas románticas aprendidas en libros y comedias. Para el proletariado, el sexo es algo mucho más básico, ligado a las apetencias y la sobrevivencia, y son los ricos los que tienen la responsabilidad de que el proletario tenga que circunscribirse a este restringido papel psíquico-sexual, ya que "nadie es el que es, sino el que le hacen los demás" (108).

En el capítulo XIII, en un intento de adquirir tiempo para poder aplicar más presión psicológica a Maurico, Eugenia rechaza la oferta interesada de Augusto de "regalarle" su hipoteca a cambio de ciertas consideraciones de amistad no estipuladas aunque sí sugeridas. Cuando Eugenia, en el capítulo XV, cuenta con indignación teatral la manera "escandalosa" en que Augusto intentaba comprar su amor, Ermelinda necesita recordarle una vez más el poder adquisitivo de Augusto, asociando así el amor romántico prometido por Mauricio con la búsqueda de indicativos del ocio burgués y los planes infructíferos de su sobrina de recobrar la solvencia económica a través de la música:

> —Todo esto del amor no es más que música.
> —¿Música?
> —Música, sí. Y ya sabes que la música apenas sirve sino para vivir de enseñarla.... (81)

Aquí no sólo vocea Ermelinda su propia perspectiva sino la de los "autores" enigmáticos de *Niebla* (Víctor, Augusto, "Unamuno," el lector), ya que su burla de los marcadores sociales de aburguesamiento también sirve para criticar sus propios fetiches de corrección social y linaje familiar. Eugenia, sin embargo, al desear obtener el estatus de burguesa, incluso todos sus aditamentos—esposo distinguido, prole, ocio, romance—no puede aceptar a un hombre tan sexualmente incapacitado y socialmente inepto como Augusto. Evocando la ética de trabajo de su clase de origen, declara su intención de trabajar el doble hasta que Mauricio, avergonzado de aceptar sus sacrificios, se responsabilice y la retire de su empleo. La acusación por parte de Ermelinda de que tal plan de ataque constituye la "compra" de un esposo de la misma forma que Augusto había intentado "comprar" a Eugenia no influye en la actitud de Eugenia, situación que expone los verdaderos motivos de ésta: la propia conveniencia y la creación de un autoconcepto que le satisfaga. En esta combinación, el mítico egaletarismo del proletario no juega ningún papel. Si Eugenia se hubiera motivado por los principios de fidelidad y justicia, se habría abstenido de provocar un sentimiento de culpa en Mauricio en lugar de proseguir con el mismo cálculo que había criticado en Augusto.

La medida en que ciertas personas, sobre todo desvalidos económicos como Liduvina, Rosario y aún la egoísta Eugenia, sacrificarían su felicidad y dignidad para lograr la seguridad financiera se pone de relieve por medio de la historia interpolada de don Eloíno en el capítulo XVII, donde la dos veces viuda doña Sinfo accede a casarse con el aragonés enfermizo y maloliente para poder heredar su pensión. Cuando esta historia se ve en el contexto posterior del riesgo calculado de Eugenia al acceder a la petición matrimonial de Augusto, el capítulo representa parte de un gran *mise-en-abyme*, ya que dentro de la historia de don Eloíno hay otra en la que Emilia, la cuñada del aragonés, tiene una criada que habría aceptado a Eloíno de buena gana para obtener la seguridad económica. La referencia a la criada sirve otra vez para evocar a otros domésticos en la novela, Domingo y Liduvina, que también aprecian la seguridad económica por encima de cualquier otro bien.

Para el capítulo XIX, Eugenia no ha avanzado un paso con el recalcitrante Mauricio y ha accedido a las sugerencias de su tía de que acepte la hipoteca que Augusto le ha ofrecido. Augusto por su parte reconoce que Eugenia sólo usa la aceptación de la hipoteca como parte de un plan mayor, y esta idea le permite intuir que Rosario también usa sus encantos con el intento de lograr motivos ocultos: "¿Es que esa... muchacha se va a burlar de mí y va a querer jugar conmigo?—y al decir esto se acordaba de Rosarito" (98). Cuando Augusto la visita en el próximo capítulo, Eugenia admite que tanto la compra de la hipoteca por parte de Augusto como su propia aceptación de la compra obedecen a motivos de interés, pero que es mejor olvidar el inconveniente de estos motivos y apreciar los mitigados placeres del afecto postizo. Eugenia desde luego se quita el sombrero y permite que Augusto la abrace con cierta voluptuosidad. Queda claro, sin embargo, que los dos amantes están sexualmente estimulados a pesar de la ausencia de amor en su relación.

En vista tanto de los asertos anteriores por parte de Domingo y Rosario con respecto a las verdaderas prioridades de su clase social como de los problemas de Eugenia con las prioridades de su competidora Rosario, sería instructivo examinar unos ejemplos representativos de la mujer proletaria durante las últimas décadas del siglo XIX y las primeras del siglo XX. Como Rosario es el personaje proletario de más importancia en *Niebla*, y puesto que la misma es planchadora, echemos una vista sociológica sobre las planchadoras y lavanderas antes aducidas en nuestra discusión del arte decimonónico. Para finales del siglo XIX, el alto porcentaje de desempleo iniciado por la continuada industrialización había causado que muchas mujeres analfabetas y sin otros medios de sustento ejercieran el trabajo de lavandera y planchadora. En Inglaterra y Gales, países donde existen amplias estadísticas, para 1861, unas 161.606 personas, la gran parte de ellas mujeres, se empleaban en la lavandería. Para 1901, esta cifra había subido a unas 205.015 (Malcolmson 7). Las condiciones y salarios eran notoriamente malos: "Mientras que el trabajo de lavandería permanecía como labor tecnológicamente no sofisticada, una labor de escala menor, normalmente llevada a cabo por mujeres independientes en sus propias casas o las de sus patrones, había poco impulso para investigarlo, documentarlo o reglamentarlo" (5; traducción mía).

En el artículo "La medida del trabajo" publicado en *La lucha de clases* el 24 de febrero de 1895, Unamuno había insistido en que profesionales como el panadero y el empleado de servicio doméstico recibieran un pago de acuerdo con sus contribuciones ocultas a la cultura y a la sociedad, concluyendo que "La mayor parte de las libertades burguesas anulan la libertad del obrero" (*OC* 9: 498; t. IX). Como notamos al comentar la representación de las lavanderas en la pintura francesa y británica de fin de siglo, la lavandera típicamente se representaba como persona de baja moralidad cuya falta de escrúpulos se asociaba con su clase social y sus inevitables compromisos brotados de la necesidad de sobrevivir. En los artículos cinco, seis y siete de una serie agrupada bajo la rúbrica de "Bilbao por dentro" y publicada en *La lucha de clases* entre el 10 de octubre de 1895 y el 4 de enero de 1896, Unamuno comenta esta misma situación de una manera que bien podría describir aspectos de la atmósfera interpersonal de *Niebla*. Uno de estos artículos, titulado "Los ricos y el vicio" y con fecha del 7 de diciembre de 1895," dice:

> Nadie ignora aquí que la prostitución del cuerpo la fomentan más los hombres maduros.... Hay un buen número de *respetables* caballeros, personas muchos [sic] de gran viso y significación, de *sanos* principios no pocos, defensores del orden y acatadores de las más veneradas tradiciones, que con mayor o menor hipocresía se dedican al ojeo de muchachas pobres. (*OC* 9: 532-33; t. IX)

Es interesante notar que dos de los siguientes artículos de esta serie tienen un mismo título—"Los señores viciosos" (534-37)—que podría servir para caracterizar ciertos aspectos de Augusto.

Tener sirvientes y lavanderas en el siglo XIX era, como señala Robbins, equiparable a cierta categoría social. "El deseo de definirse como parte de la clase media era un motivo importante para tener sirvientes" (Robbins 15; traducción mía). Al contrario, ser sirviente era condenarse para siempre a la exclusión de la clase media. En este contexto, es fácil entender la prisa de Eugenia y Rosario por pescar a un hombre—Augusto—que las pudiera eliminar de las esferas inferiores de la plantilla. Como mostraran

Marx y Veblin, con la gran cantidad de desempleados producida por la mecanización del trabajo, multitudes de domésticos baratos podrían en potencia crearse con la conveniente justificación de rescatarlos de la pobreza. Entretanto, se podría hacer gala de "la capacidad del patrón para pagar" (16; traducción mía).

Pero existe también en estas relaciones entre amo y sirviente, un punto de contacto donde el sentido de dignidad, concepto de justicia e interés del sirviente entraban en conflicto con la imposición de obligaciones afectivas por parte del patrón o propietario. Porque es la labor del sirviente lo que les confiere a éstos su aura de superioridad, y el dinero del patrón o propietario es lo que le permite al sirviente manener una vida estable con un tono de respetabilidad. Este nivel de dependencia mutua permite la existencia de ciertas latitudes para la discusión y el establecimiento de reglas territoriales aceptables. Como dice Robbins, "El discurso de la labor, que reune a propietarios y empleados en un lazo hegemónico, también establece un terreno común donde rupturas, reconocimientos y nuevas negociones pueden efectuarse entre ellos" (22; traducción mía). Esto es precisamente lo que tiene lugar en *Niebla*, donde Rosario, Liduvina y Domingo son los sirvientes o empleados de Augusto, mientras que Eugenia, Margarita y Ermelinda tienen que desempeñar los papeles de sirvienta, de confidente, de anfitriona, de *cocotte* y de alcahueta. A veces Augusto necesita consejos y protección y acude a recibirlos de sus sirvientes, de su planchadora, de su mal dispuesta enamorada y de la tía de ésta. En otros momentos, son la deudora-enamorada, la tía interesada y los inseguros sirvientes los que solicitan ayuda o palabras tranquilizadoras del hombre con dinero y buen linaje. Aunque Eugenia quiere fugarse con Mauricio, no puede hacerlo hasta que Augusto acceda a encontrarle empleo a su novio. Augusto no puede descargar sus crecientes pasiones a menos que compre la hipoteca de Eugenia, aquiete los temores de Ermelinda de que su sobrina se convierta en una carga para ella y extienda a Rosario los placeres del romance, de los viajes y del estatus de un huésped de honor en su casa. Liduvina y Domingo sólo pueden esperar permanecer al servicio de Augusto haciendo la vista gorda a su ineptitud e imperiosa manera de tratarles, mientras que Augusto no puede aprovecharse de los sanos consejos de sus sirvientes si no desoye sus muchos comentarios sarcásticos con respecto a su estupidez e incapacidad sexual. La novela toda se enfoca en el tremendo poder del capital y en los resentimientos y argucia desatados por la ausencia de aquél, pero también revela los mecanismos por medio de los cuales se sustentan ciertas concesiones mutuas y alguna estabilidad. También demuestra cómo ninguno de los personajes proletarios que luchan por la vida sufre las agonías metafísicas de Augusto, mientras que Augusto no tiene las preocupaciones económicas que asaltan a los otros. La lucha de clases sobre la que escribía el Unamuno marxista en el ocaso del siglo todavía se acusa, aunque no se aprecie en primer término. No obstante esta lucha aparece aquí en gran parte superada por la percepción de ciertos equilibrios que no permiten que ningún contrincante reclame la victoria o envidie—por lo menos de manera justa—la calidad de la vida ajena.

Los capítulos XXIV-XXV suelen verse como enfocados en los crueles experimentos de "ginepsicología" que Augusto intenta llevar a cabo con Rosario y Eugenia a instancias del pedantesco Paparrigópulos. También pueden verse como ilustración del sistema de equilibrio arriba esbozado. Aquí resulta necesario crear una confluencia de nuestras discusiones independientes del fenómeno de la clase social tanto en Eugenia como en Rosario. En el capítulo XXIV, Augusto trata de sacar de Rosario una respuesta a su pregunta de si una mujer ha de cumplir con la palabra que le ha dado a un hombre (una alusión a la promesa de Rosario de "querer" a su patrón). Dándose cuenta de que el sexo es una baza que no puede entregarse sin ciertas concesiones por parte de Augusto, se niega a contestar a la pregunta. Pero cuando Augusto le revela que sólo la quiere como sustituta de la ahora económicamente restaurada Eugenia, confía en que su odiada rival, quien pronto va a escaparse con el tenorio, se haya bajado de categoría y se haya convertido ahora en la pobre sustituta. Por esta razón, no sólo permite que Augusto haga con ella lo que le dé la gana sino que le espolea para que, al fin y al cabo, la deje embarazada de la misma forma en que los señoritos de *Amor y pedagogía* y *La tía Tula* dejan encinta a las sirvientas suyas. Augusto, que de manera siempre más creativa sigue revelando su insustancialidad como mero ente ficticicio, exhibe una respuesta sexual completamente inadecuada, pero Rosario se determina a repetir sus provocaciones, sabiendo que Augusto está empeñado en llevar a cabo con ella lo que siempre ha fantaseado hacer con la distante Eugenia ("Cualquier día vuelvo a darme yo un rato así a beneficio de la otra prójima...." [127]).

Cuando Augusto después aplica sus experimentos psicológicos directamente a Eugenia (capítulo XXVI), ésta le vence por aceptar primero su ridícula petición de mano y a renglón seguido por informarle de que el sexo es ahora imposible por ser indecoroso entre comprometidos. Con el anuncio del compromiso, Ermelinda está eufórica. Mauricio y Rosario, al contrario, se vengan de manera calculada arrimándose el uno al otro, y Rosario le despacha al tenorio a que hable con Augusto después de contarle todos los detalles de las conversaciones que el señorito ha tenido con ella durante sus elucubraciones eróticas (137; cap. XXVIII). Hace esto para que el cuitado Augusto pueda imaginar las intimidades sexuales durante las cuales los nuevos amantes habrán discutido estos particulares, pero la maniobra también sirve para mostrarle cómo todo su dinero es impotente frente a unos retazos de su indiscreto chismear. En realidad, Rosario no necesitaba contrastar su propia pasión con la frialdad de Eugenia porque, cuando Augusto localiza un empleo para Mauricio, éste y Eugenia se escabullen, dejando a Augusto a la siempre predispuesta Rosario. A estas alturas, la novela deja a un lado sus preocupaciones sociales en aras de privilegiar sus preocupaciones metaficticias, epistemológicas y metafísicas.

Aunque todos estos juegos socioeconómicos y sexuales se presentan de forma cómica en *Niebla*, exhiben también una parte muy seria. Aunque esta seriedad expuesta *sotto voce*, podría, en el contexto humorístico antes aducido, con cierta facilidad producir burlas o crítica de los participantes en este juego, ninguno de los personajes es víctima de burlas o censura. Augusto, el acomodado burgués, es demasiado inconsciente para reconocer su culpa en el triste desenlace de su aventura con Eugenia. Rosario, Liduvina y Domingo claramente saben lo que maniobran pero parecen sentir que su derecho a sobrevivir les exonera de toda crítica. Eugenia, que ocupa un terreno medio muy indistinto—mejor educada debido a la pasada distinción de su padre pero reducida a la penuria por sus indiscreciones—parece considerar su tramoyar muy justificado por la repentina injusticia que contra ella, hija de los Domingo del Arco, se ha cometido. Augusto poco a poco reconoce su victimización a manos de las mujeres, pero permanece ciego a sus motivos económicos y su propia complicidad en estos motivos. Las distintas voces narrativas (Víctor, "Unamuno," Orfeo) de mala gana predican una filosofía de inevitabilidad que podría al fin y al cabo producir buenos resultados en la resolución todavía no previsible de los conflictos existenciales y sociales de los entes ficticios. En tal ambiente, todos los personajes sólo tienen la opción de conformarse y aún abrazar su papel decretado en esta *nivola* todavía en marcha.

Pero ¿cuál es la relación entre esta dinámica social y lo que la mayoría de los lectores identificarían como las dimensiones principales de *Niebla*? El uso de la palabra *niebla* en el título y texto de la novela unamuniana se ha destacado por sus connotaciones de imprecisión e indistinción, "espacio donde todo se puede jugar como evidencia alternativa" (Zavala 75). Cuando Augusto le dice al perro Orfeo que la vida es niebla, quiere decir que todos dependendemos los unos de los otros pero que somos libres de seguir con nuestros propios impulsos (Franz, "*Niebla*: Infinite" 3-9); "el mundo se nos aparece en una nebulosa de estrategias y alternancias" (Zavala 75). Vemos la niebla ante todo a nivel autorreflexivo. El Prólogo y otras intervenciones por parte de Víctor en la novela pretenden demostrar cómo él mismo es el autor de los amores, búsquedas existenciales y retos a "Unamuno" dramatizados por Augusto. El Post-Prólogo y apariencias de "Unamuno" después del capítulo XXV están calculados para mostrar cómo "Unamuno" y los otros personajes son producto de la creatividad de "Unamuno." El desafío de Augusto a "Unamuno" en el capítulo XXXI tiene el propósito de ilustrar cómo el autor—sea éste Víctor, "Unamuno," Unamuno, Augusto o Dios—sigue viviendo por medio de sus propios personajes y lectores. Aunque Víctor, "Unamuno," Augusto, Dios (sobre todo el "Dios" de "Unamuno"), el lector y—a fin de cuentas—el perro Orfeo sólo luchan por una autenticidad independiente del "otro," su sentido de existencia y su supervivencia siempre dependen de la idea de internalizarse y creativamente ensancharse en la imaginación de otros. En este pacto al que todos desesperadamente se suscriben, los personajes son autores y los autores son personajes (Franz, "*Niebla*: Infinite" 9-10). En tal arreglo, lo que todo el mundo "sabe" viene determinado por lo que él o ella quieren proyectar en la mirada vivificante de los otros. Augusto les proyecta a Eugenia, a Rosario, a Orfeo, a Víctor, a "Unamuno" y al lector su voluntad de vivir en el compromiso psíquico de éstos con su historia. Claro está, lo que Augusto—y por extensión cualquier otro personaje—"sabe" es sólo una especulación metafísica transformada en ciencia por el motivo primordial de verse exisitir.

El esquema social de *Niebla* comparte esta estructura. A pesar de sus varias diferencias de clase, burgueses como Augusto, parásitos de la clase media como Ermelinda, Fermín, Eugenia y Mauricio además de proletarios como Rosario, Liduvina y Domingo dependen por unanimidad de una estrategia de fe en la que las diversas clases sociales reconocen de manera axiomática su interés en mantener un *status quo* del cual todos, por lo menos en teoría, extraen beneficio. (Benavente había ideado la misma estrategia en su comedia de 1907, *Los intereses creados*, donde los representantes de clases en conflicto logran funcionar con cierta armonía debido a su declaración de un interés común.) El hecho de que este beneficio nunca se haya comprobado es acusado por todos, pero la ausencia completa de corroboración empírica resulta irrelevante en la pragmática de la vida existencial. Todos se suscriben tanto al prometido beneficio como a un artículo de fe del cual sus quehaceres y rutinas extraen gran parte de las satisfacciones y significaciones.

Niebla de forma explícita divide a sus personajes en clases sociales e exhibe un sistema de actos y conflictos de interés a partir de esta división. Sin embargo, en lugar de basar sus mecanismos sociales en una dialéctica abierta de intereses individuales, la novela escoge hacer una síntesis en forma de fe en un solo sistema, por defectuoso que ésta sea, que sólo requiera que todos crean en él. La obra así expone una "contradicción irresoluble entre una profunda intencionalidad liberal y una no menos indudable objetividad de tendencia antiliberal y antiprogresista" que caracteriza mucho del pensar liberal de la sociedad de la post-Restauración (Díaz 9). Durante los años 1880, el Unamuno premarxista había escrito artículos que abogaban por una síntesis incompleta de grupos políticos y sociales, una clausura parcial que conservara la tensión vital y la indeterminación que eran necesarias para mantener una evolución creativa (14-15). Para los años de la composición de *Niebla*—tenemos que recordar que gran parte de la obra ya se había escrito en 1907—Unamuno ya mezclaba "indiferenciadamente argumentos procedentes del antiliberalismo reaccionario con argumentos incluso de carácter marxista," produciendo un compuesto que a menudo resultaba "profundamente confuso e incoherente" (18). Aunque frecuentemente servía de portavoz del obrero y desempeñaba el papel de apóstol de los derechos del proletariado, Unamuno podía de igual manera tanto concebir un gobierno representativo como, según lo que escribió en enero de 1915, un cuerpo de "ricos, que son los mejores; de criados de ricos, que son cien veces peores que ellos" (19). El decoro de las esferas altas y medias de la sociedad y el fermento del sector obrero constituirían para don Miguel una dialéctica kierkegaardiana parecida a la que funcionaba en la dialogía de la razón y del deseo en su propia religión (22): "Propugnaría siempre la conveniencia de un acercamiento entre ambos ['secularismo/liberalismo' y 'catolicismo/reaccionarismo']" pero sin ningún cambio de índole religiosa o económica (28, 34). En 1902, Unamuno teorizaba que la función del estado no era, como propugnaban muchos socialistas, abolir las clases, sino garantizar la conservación del orden, proteger la propiedad y defender al obrero de la misma forma en que había, hasta entonces, defendido al empresario. El papel del obrero, según esta teoría, era laborar para ganarse una porción justa de lo que el estado había logrado proteger; su papel no era agitar para producir una revolución (36, 96).

Es claramente el discurso religioso de Unamuno el que determina su expresión política después de la crisis de 1897 (48). Ya para 1923, cuando publicó el artículo "La vida es siesta," el ex-socialista podía escribir: "Los caciques los hacen los caciqueados; nuestra masa necesita caciques, los apetece y los busca" (70). Una sociedad viva requiere un mínimo de lucha de clases para asegurar su vitalidad. Como escribió Unamuno en la senectud, el 13 de febrero de 1934: "si acabaran las clases sociales... para hacerse una sola, ésta viviría peor" (70). Es este, claro está, el mismo llamamiento a los contrarios existenciales y la misma oposición a la revolución social voceados por el cura don Manuel, con sus creencias en un misterioso mecanismo social, garantizador de la armonía y la justicia, creado por su "Dios" añorado pero silencioso, que vemos en *San Manuel Bueno, mártir* (1931). La razón por la que *Niebla*, *San Manuel* y las otras novelas aparecidas después de 1897 utilizan al fin y al cabo un discurso tan indeterminado, compuesto tanto de relaciones metafísicas como de otras sociales, es, como Foucault (Shumway 23) y Díaz (9) han mostrado,—enfocándose en las perspectivas semióticas y económicas vigentes en los primeros años del siglo XX—que el período en el que estas obras se componían dictaba éste y no otro discurso. Unamuno y sus co-visionarios del 98 utilizaban un discurso de incertidumbre nacido de sus lazos tanto con la aristocracia religiosa e intelectual del pasado como con el mundo emergente poseedor de una visión más científica e igualitaria (Pérez de la Dehesa 138-42; Vilar 114; Zavala 19-46; Orringer 12-

68). En las acertadas palabras de Díaz: "puede decirse que las contradicciones de Unamuno son expresión... de las contradicciones de su sociedad" (9).

Tanto en *Niebla* como en *Amor y pedagogía*, *La tía Tula* y otras partes de la ficción de Unamuno del siglo XX, no existe una solución material para la lucha de clases presentada bajo el enfoque filosófico/metaficticio de las obras, sino una entrega a un discurso existencialmente estructurado que conjetura la obtención de la vida eterna y de la justicia social por medio de la adhesión a un mito o ficción co-creados por autor y lector, obrero y propietario. Que los mitos de la vida eterna y de la justicia social sigan el mismo paradigma, produzcan un solo discurso y broten de procesos idénticos de conspiraciones sociales no debería sorprendernos. Aunque *Niebla* privilegia la epistemología y la metafísica, ligándolas por medio de la metaficción a una dimesión social, lo que a fin de cuentas triunfa es el *gestalt* del conflicto creador que es tan ubicuo en todo lo que escribió Unamuno. Es una ilustración más de la eterna verdad de que las imágenes y las ideas transforman y humanizan los "hechos" en los que la ficción dice basarse.

IV
Los misteriosos planes de viajar en *Niebla*

EL PERENNE FOCO DE atención sobre las múltiples cuestiones narratológicas y epistemológicas de *Niebla* obscurece el hecho de que muchos asuntos de igual importancia no reciban atención alguna. Uno de estos asuntos condenados al silencio que a fin de cuentas hace mella en las dimensiones epistemonarratológicas de la obra tiene que ver con la aserción que hace Augusto a Rosario de que planea un largo viaje. Aunque hay viajes que se llevan a cabo dentro o un poco fuera de las páginas de *Niebla*,[1] nada parecido a los planes originales de Augusto parece acontecer. Esta ausencia nos lleva a una sospecha inicial de que el motivo del viaje pueda representar un cabo suelto que nunca logra encontrar el sitio apropiado dentro de la obra. Esta clase de sospecha no

---

[1] Estos viajes son el de Mauricio a la ciudad donde va a trabajar, el de Eugenia a la misma ciudad donde se reunirá con él y el viaje culminante de Augusto para consultar con "Unamuno" en Salamanca sobre el asunto de su propio suicidio.

parece justificable en vista del maduro dominio de las formas narrativas por parte de Unamuno para el año 1914, el largo período (por lo menos siete, y probablemente diez años [Valdés 47; Zubizarreta13]) durante el cual había intentado terminar la composición de su obra, la estructuración firme evidenciada en el único manuscrito conservado (Valdés 47-50, 57; ver también nuestro capítulo IX) y la insistencia por parte del autor—tanto dentro de las palabras voceadas por Víctor en *Niebla* como en otros muchos pasajes—de que intenta componer sus novelas "a lo que salga" o "vivíparamente" (de golpe, sin las fuerzas contradictorias nacidas de planes originales y muchas reelaboraciones de inspiración distinta).[2] El enfoque del capítulo actual es tanto la exploración del desarrollo del motivo del viaje en las aserciones y otros actos de Augusto como el análisis del funcionamiento del motivo en la totalidad de la obra. Para llevar a cabo esta exploración y evaluación, haremos uso facultativo de varias teorías psicoanalíticas, históricas y literarias con respecto al viaje y al espacio. Para subrayar el contapunto de diversos indicios que hay con respecto a estos fenómenos en *Niebla* y para llamar la atención hacia ciertos elementos conectores pero no precisamente narrativos del texto de Unamuno, utilizaremos tanto los conceptos

---

[2] Janet Pérez ha presentado un poderoso argumento contrario basado en evidencias textuales que no concuerdan con lo que evidencia el manuscrito (49-73). Según Pérez, la complejidad retórica y simbólica de la *nivola* unamuniana es tal que resulta casi imposible justificar la noción de una composición "vivípara" afirmada por Víctor, el supuesto autor del texto, dentro de la obra que escribe bajo la vigilancia de "Unamuno." Tomadas en conjunto, las perspectivas de Valdés y de Pérez presentan un problema difícil porque: (1) No tenemos idea alguna del número de modificaciones que Unamuno pudiera haber hecho antes del autógrafo aludido por Valdés; (2) Víctor es un ente de ficción y, como "Unamuno"—otro ente ficticio—explica en el Post-Prólogo, no tiene autorización para hablar ni por su autor de verdad ni por su autor ficticio.

bajtinianos de la dialogía y lo dialógico como la noción de Genette del paratexto. La dialogía aquí significará "una interacción constante entre significantes, todos los cuales tienen la potencia de condicionar a los otros" (Holquist 426; traducción mía). Paratexto se referirá a "producciones, como nombre de autor, título, prefacio, ilustraciones.... " que "han de verse como partes del texto" porque "lo rodean y lo extienden, precisamente para *presentarlo*.... " (Genette 1; traducción mía).

Puesto que la atención crítica siempre se ha centrado en el capítulo XXXI de *Niebla*, donde Augusto le anuncia a "Unamuno" su intento de suicidarse, es sólo natural visualizar los planes de viaje retrospectivamente como un augurio del viaje definitivo (la muerte) del cual nadie vuelve. El texto simultáneamente defiende y rechaza esta perspectiva. Para el capítulo XII, donde Augusto por primera vez habla con Rosario, el encaprichamiento no correspondido de Augusto por Eugenia le ha llevado a una crisis existencial. Pero a pesar de esta crisis el texto no menciona viajes. Es en el capítulo XV, después del incidente comparativamente menor del berrinche de Eugenia al enterarse de que Augusto ha comprado la hipoteca que grava sobre su casa, donde Augusto alude por primera vez a su previsto viaje durante una conversación con Ermelinda, la tía de aquélla. Asegurándole a la tía que, al comprar la hipoteca, no intentaba también "comprar" el afecto de su sobrina, agrega con aire despreocupado: "Y luego emprenderé un largo y lejano viaje" (84). En vista del sentido nihilista que experimenta Augusto al defraudar Eugenia las fantasías de aquél con respecto la supuesta personalidad "agradecida" y "maternal" de ésta, una interpretación retrospectiva de la referencia al viaje como una alusión velada al suicidio tiene cierta justificación. Sin embargo, se puede con igual justificación ver en el proyectado viaje un reflejo de la búsqueda por parte de Augusto de descanso y restablecimiento después de su intento de cortejar a una mujer demasiado independiente.

La segunda ocurrencia de la alusión al viaje es la única que suele recibir atención, por ser parte de la famosa segunda entrevista con Rosario, donde ésta erróneamente (Ribbans, *Niebla y soledad* 122) se revela como la figura-madre que Augusto en vano buscaba en Eugenia. Después de que Augusto resume su sufrimiento a manos de Eugenia, tanto Rosario como su interlocutor hacen un intento futil por restablecer la paz interior de Augusto y explorar la posibilidad de un futuro en común:

—¿Quiere usted que llame para que le traigan algo?
—No, no, déjalo. Yo sé cuál es mi enfermedad. Y lo que me hace falta es emprender un viaje—y después de un silencio—: ¿Me acompañarás en él?
—¡Don Augusto!
—¡Deja el don!
—Como usted quiera... Una niebla invadió la mente de Augusto; la sangre empezó a latirle en las sienes, sintió una opresión en el pecho. Y para liberarse de ello empezó a besar a Rosario en los ojos, que los tenía que cerrar. De pronto se levantó y dijo, dejándola:
—¡Déjame! ¡Déjame! ¡Tengo miedo!
—¿Miedo de qué? La repentina serenidad de la mozuela le asustó más aún.
—Tengo miedo, no sé de quién, de ti, de mí. ¡De lo que sea! ¡De Liduvina! Mira, vete, pero volverás, ¿no es eso? ¿Volverás?
—Cuando usted quiera.
—Y me acompañarás en mi viaje, ¿no es así?
—Como usted mande... (95; cap. XVIII)

Ha habido continuo comentario sobre el simbolismo de la palabra *niebla* en ésta y otras obras de Unamuno. En el presente contexto, además de las nociones más usuales del útero, el inconsciente y la indeterminación—todas relacionables con las tempranas fantasías de Augusto con respecto a Eugenia y los ensueños actuales sobre su relación con Rosario—la palabra sin duda también alude a las insoportables memorias de su fracaso romántico con Eugenia y la nada que representa su vida de soltero. Estas asociaciones deprimentes y la vulnerabilidad aparente de Rosario despiertan la líbido existencialmente motivada de Augusto y de inmediato se espanta. Tanto la memoria de su sirviente Liduvina—cuyos encantos físicos se han hecho de repente muy obvios a Augusto con el advenimiento de una pubertad emocional nacida de su encuentro con la tempestuosa Eugenia—como el besar de los ojos de Rosario—para evitar que su mirada se apodere de él como lo había hecho la de Eugenia—sugieren que es la idea del sexo—tan odiosa en su hogar platónico y edípico regentado durante años por su madre recién fenecida—lo que le espanta. El enfoque de Augusto sobre el amor desde la perspectiva de sus propios inciertos estímulos eróticos (y no desde la saciedad de una profunda experiencia sexual) es típico de las fantasías adolescentes y no garantiza que sus sentimientos alcancen la meta deseada de la reprocidad erótica (Miguel 42).

Olson (*Unamuno* 54-57) y Feal (85) han demostrado de manera convincente que el texto autoriza una lectura de las escenas entre Rosario y Augusto como un encuentro entre un voluntarioso pero también temeroso y disfuncional hombre y una mujer extremadamente cuca procedente de la desesperación de la clase obrera. Es una mujer que ha intimado con otros en numerosas ocasiones, no sólo por lo que provoca en ella su propia personalidad apasionada sino también debido al interés propio en sacar provecho de sus patrones. Rosario tiene poca dificultad en mostrarse servicial y en simular timidez, pero Augusto de manera realista se concibe tan víctima de ella como antes lo había sido de Eugenia (Feal 99-100, 108-09). Será desde luego para rehuir los riesgos del sexo que Augusto concibe la idea de viajar. Se habla aquí de una clase de viaje casi inocente que tanto el aburguesado Augusto como la sufrida Rosario entienden sin complicaciones, un flirteo: "un enamoramiento que se sabe de antemano que va a concluir antes de que lo puedan prever los personajes" (Miguel 52). En vista del carácter tímido de Augusto, de su intento de averiguar si llueve antes de salir de su casa, de su quisquillosidad con respecto a la estética de su paraguas enfundado, es difícil concebir su viaje como exploración. Turismo, con toda la regularidad y comercialismo que este tipo de viajar sugiere (Culler 153-67), sería una etiqueta más apropiada. Es también posible que Augusto le hubiera ofrecido a Rosario una invitación parecida para viajar en otro momento anterior no conservado en el texto, porque, cuando Augusto se refiere sin preámbulos a "mi viaje," ella no pide explicaciones. Sin embargo, como en la noción de Bousoño del símbolo heterogéneo (24-27), hay un valor contravalente (aquí positivo) en la noción de un viaje a estas alturas de la novela. Si Augusto padece de una muerte existencial después de recibir calabazas de manos de Eugenia, un viaje, incluso un viaje turístico, será en este contexto no sólo un símbolo del escape sino también, de manera inversa, de un atreverse a abrazar la vida. Tanto el viajar como las otras aficiones—el sexo, el buen comer, el cambio de rutina, la picardía—que poco a poco adquirirá Augusto son la esencia de la vida, como ha demostrado Jung (*The Structure* 116-17). En su evolución hacia la plena existencia, Augusto tiene que convertirse en el buscador de su propia autenticidad, el *homo viator*, aunque sea uno de estirpe domesticada y desmitologizada que evidencia estar corrompida por los valores burgueses. En un estudio importante sobre el vocear doble de la narración y de las sendas bifurcantes de Fernando Ossorio en *Camino de perfección* (1902) de Baroja, Jurkevich señala que el viaje suele constatar una forma arquetípica en la cual el movimiento del personaje por el espacio geográfico suele funcionar como seña del auto-examen y de la emergencia existencial de un personaje, una seña de un nuevo empezar que resuelve los cabos sueltos de una personalidad inmadura o patológica ("Double Voices" 210-11). El proyectado viaje de Augusto sugiere, al principio, una concepción parecida. El hecho de que Augusto invite a la muy accesible y servicial Rosario (Olson, *Unamuno* 64-66) a que le acompañe atenúa también la noción de que Augusto esté intentando evadirse de una aventura sexual. Como señala el sociólogo Amando de Miguel con referencia a las frecuentes escenas de viajes en las novelas de la época de Unamuno: "Son frecuentes los noviazgos que se entablan en ocasión de un viaje.... Parece como si el hecho de salir del ambiente habitual contribuyera a estrechar los afectos.... El viaje juntos es, efectivamente, una prueba de alta y constante intimidad" (39). La invitación que hace Augusto a Rosario, sin embargo, vuelve a abrir la puerta a la posibilidad del suicidio, esta vez al del tipo Meyerling, el suicidio a duo en el que la patológicamente victimizada Rosario—tal como Augusto la ve con interés propio tras sus alusiones a encuentros con otros hombres—puede participar.

Al leer *Niebla* no podemos perder de vista que la novela más famosa de Unamuno, como han señalado en mucho detalle García Blanco (444, 462-64, 472-73) y Ribbans (*Niebla y soledad* 87-107) deba gran parte de su caracterización, estructura, motivos, filosofía y autorreferencialidad a *Amor y pedagogía* (1902). En realidad, como indican Valdés ("Introducción" 47) y Zubizarreta (13), la mayor parte de *Niebla* ya se había escrito en 1907, cinco años después de la publicación de *Amor y pedagogía*. *Niebla* de manera consciente llama nuestra atención sobre este puente intertextual haciendo al personaje Avito Carrascal de la novela anterior pisar las páginas del capítulo XIII de la obra nueva, donde éste ofrece detalles de su vida entre las dos obras. En *Amor y pedagogía*, cuando el prototipo de Augusto—Apolodoro Carrascal—recibe calabazas del prototipo de Eugenia—Clarita—el romántico Hildebrando F. Menaguti dice que uno de los pocos recursos compensatorios de Apolodoro es el suicidio (106). Cuando el preceptor de Apolodoro, Fulgencio Entrambosmares, le pone al corriente de los planes de Eróstrato de alcanzar la eternidad por medio del suicidio en el templo de Éfeso, Apolodoro planea (111-12, 123; caps. XIII, XV) la misma clase de suicidio—en realidad provocado por su autor—que en *Niebla* le ganará también a Augusto una ilusión de "autonomía" e "inmortalidad" en sucesivas generaciones de lectores. La relación tanto entre los personajes como en la planificación del suicidio existencial en dos novelas tan conectadas en perspectivas, caracterización y argumento parece indicar que el viaje concebido por Augusto sea uno de suicidio.

La tercera referencia que hace Augusto a su viaje (cap. XIX) ocurre después de que Ermelinda le informa del cambio de parecer de Eugenia con respecto a la compra de la hipoteca por parte de Augusto. Según la tía, Eugenia ve ahora la nobleza de las intenciones del comprador y tiene a bien aceptar su obsequio del documento como un regalo sin obligaciones. Intuyendo que Eugenia no ha hecho más que encontrar otra manera original de jugar con su sentido, para beneficio de sus propias finanzas y autoconcepto, Augusto descubre que le conviene inventar una excusa para no presenciar la disculpa teatral que Eugenia ha prometido hacer:

—Es que pienso emprender un viaje largo y lejano...
—Antes de despedida...
—Bueno, veremos. Separáronse. Cuando doña Ermelinda llegó a casa y contó a su sobrina la conversación con Augusto, Eugenia se dijo: "Aquí hay otra, no me cabe duda: ahora sí que le reconquisto." (100)

El contexto de este pasaje parece decretar que el viaje se interprete como un escape de una penosa competición de voluntades que Augusto sabe que no puede ganar. La intensidad de la angustia que Augusto sufre como resultado de las manipulaciones de Eugenia, sin embargo, no desbanca la posibilidad de ver en el viaje un indicio de un suicidio planeado.

En el capítulo XX hay un cambio de dirección importante. A mediados de uno de sus frecuentes monodiálogos, Augusto se pregunta por qué les anunció tanto a Ermelinda como a Rosario sus intenciones de realizar un viaje. De la misma forma que, en *Cómo se hace una novela* (1927), el "Miguel de Unamuno" novelizado (cuya re-creación como U. Jugo de la Raza da lugar al título de la obra) lamenta su encarcelamiento dentro del papel de exiliado, Augusto con arrepentimiento acusa su rol de prisionero de los precipitados anuncios de su viaje. Se sentiría aún menos merecedor del título de ser "existente" si ahora socavara la voluntariosidad teatral de sus planes viajeros. En otras palabras, Augusto necesita tener objetivada su voluntariosidad en el asombro, aprobación y encomios imaginados por los que visualizan su misterioso viaje. La verdad, de ser declarada, es que Augusto no tiene la menor idea de adónde podría ir:

Emprendería el viaje, ¿sí o no? Ya lo había anunciado, primero a Rosario, sin saber bien lo que se decía, por decir algo, o más bien como un pretexto para preguntarle si le acompañaría en él, y luego a doña Ermelinda, para probarle... ¿qué?, ¿qué es lo que pretendió probarle con aquello de que iba a emprender un viaje? ¡Lo que fuese! Mas era el caso que había soltado por dos veces prenda, que había dicho que iba a emprender un viaje largo y lejano y él era hombre de carácter, él era él; ¿tenía que ser hombre de palabra?

Los hombres de palabra primero dicen una cosa y después la piensan, y por último la hacen, resulte bien o mal luego de pensada; los hombres de palabra no se rectifican ni se vuelven atrás de lo que una vez han dicho. Y él dijo que iba a emprender un viaje largo y lejano.

¡Un viaje largo y lejano! ¿Por qué? ¿Para qué? ¿Cómo? ¿Adónde? (102)

Se piensa de inmediato en Unamuno mismo, diez años después, al negarse a retirar sus críticas de la monarquía y al régimen de Primo de Rivera para obtener un indulto que anulara la orden de su deportación (Salcedo 255). En la medida en que Augusto y los otros personajes de *Niebla* sirvan de desdoblamientos del mismo Unamuno que, en todas sus dimensiones reconocibles, aparecerá más tarde en la obra como ente de ficción, estas motivaciones, que paralelan a las de Augusto, no son irrelevantes. La faceta más importante de las cavilaciones de Augusto es, sin embargo, su desliz freudiano al decir que la primera persona que había tenido noticia de sus planes de viajar había sido Rosario, cuando de hecho había sido Ermelinda. Esta discrepancia sugiere que no todos los recuerdos de Augusto con respecto a las declaraciones que le ha hecho a Rosario o a sus propias descripciones de ella han de tomarse al pie de la letra.

En el capítulo XII, después del segundo pero todavía no muy

satisfactorio encuentro de Augusto con Rosario, aquél pregunta a su ama de llaves Liduvina si sus accciones con Rosario son prueba de su enamoramiento. La réplica de la empleada es: "¡Bah! Usted ha estado diciendo y haciendo a ésta lo que no pudo decir a la otra" (70). Si Augusto ha hecho el amor a Rosario como sustituta de Eugenia, ¿no es también posible que la invitación a viajar que le hace a Rosario sea en realidad una proposición frustrada que no se atrevía a realizar a Eugenia? Si la invitación a participar en un "viaje largo y lejano" puede interpretarse como la sugerencia de un suicidio mutuo—brindada a Eugenia a la luz de sus frustraciones con Mauricio, a sí mismo debido a su victimización a manos de Eugenia—representa una transparente invitación a rehuir los lugares de su mutuo sufrimiento. En la Conclusión de *Del sentimiento trágico de la vida* (1912), que obtenía su forma definitiva y que se publicaba por entregas al mismo tiempo que don Miguel estaba posado para completar el ya claramente estructurado manuscrito de *Niebla* (Zubizarreta 13), Unamuno contrasta los viajes de don Quijote con los de los turistas de la edad moderna:

> Don Quijote no ha llegado a la edad del tedio de la vida, que suele traducirse en esa tan característica topofobia de no pocos espíritus modernos, que se pasan la vida corriendo a todo correr de un lado para otro, y no por amor a aquel adonde van, sino por odio a aquel otro de donde vienen.... (1019)

El tema de la topofobia, o de las fobias en general o de la ansiedad no se discute en la obra de los psicólogos más destacados que Unamuno había estudiado: Wundt, Herbart, Bain y James (Jurkevich, *The Elusive Self* 10-37).[3] Freud, sin embargo, en sus

---

[3] No encuentro discusión alguna del viaje, de la fobia o de la ansiedad en

primeras etapas se había convencido de que dichos desórdenes se relacionaban con la frustración sexual, y en particular con casos en los que el individuo se encontraba sexualmente estimulado pero no podía soltar sus energías reprimidas (Jones 297; Freud 408). El sociólogo Miguel adapta las explicaciones de Freud a la situación de las parejas—en nuestra discusión, a las de Augusto/Eugenia y Augusto/Rosario—que nunca logran emprender el viaje que se habían imaginado: "la negativa de viajar juntos es un claro indicio de que una pareja ya no funciona" (39). La abstinencia u otras restricciones sexuales, producen, según Freud, el mismo miedo de los viajes o de la permanencia que hemos discutido. Es más, el espanto juvenil que ciertos individuos experimentan con sus primeros contactos con el mundo se relaciona directamente con el tratamiento excesivamente suave que recibían al tener la líbido fijada exclusivamente en la madre (414). Más específicamente, en sus conferencias introductorias al psicoanálisis (1915-1917) dadas en Viena, Freud relaciona las fobias, el temor a los recintos cerrados, espacios y viajes al recuerdo inconsciente de su trayectoria por el canal del parto (Freud 404-05). Toda esta teorización, que Freud había conceptualizado en años anteriores y que sólo popularizaba durante la segunda década de la centuria, goza de cierta aplicabilidad al hombre temeroso con ganas de viajar, Augusto Pérez, con su aislamiento de las mujeres, imágenes mentales libidinescas (Feal 73, 76; Pérez 61-62) y claros problemas edípicos nacidos de una madre protectora y un padre ausente (Feal 75-77). Cabe poca duda de que el hombre aburrido, carente de amor y viviendo con temores de todo encuentro que ejemplificaría a la perfección las nociones unamunianas respecto al miedo tanto de los viajes como de las estancias prolongadas del hombre

---

ningún estudio escrito por estos cuatro psicólogos.

moderno que acabamos de citar en *Sentimiento trágico* no es otro que el acomodado, protegido y estancado Augusto Pérez que pulula por los primeros capítulos de *Niebla*. Cuando sale éste a dar el paseo famoso que inicia la novela, es para escapar de la absoluta esterilidad de su vida doméstica. Cuando su inautenticidad se revela como obstáculo insuperable para su felicidad, es sólo natural que se retire de todo contacto con las personas y sitios asociados con su sufrimiento y que lo haga de tal manera—un "viaje" metafórico de suicidio acompañado por una mujer seductora o seducible—que solidifique sin riesgos (v.gr., sin que la pareja sea observada) su derecho a recibir la categoría de "ser humano," o mejor dicho, a llamarse "hombre."

Un suicidio muy parecido había sido la solución de Apolodoro en *Amor y pedagogía*, igual que lo había sido para el protagonista del *Émile* de Rousseau (1762), y de su continuación *Émile et Sophie*, sobre la cual se basa la mayor parte de la situación, personalidad y trágico desenlace de Apolodoro (Ulmer 15-66). La sección final de la famosa novela didáctica se dedica a la orientación que le da a Émile su preceptor durante los viajes que supuestamente han de hacer de él un verdadero hombre digno de la mano de la gentil y domesticada Sophie (Van Den Abbeele 85-86, 96), la antecedente tanto de Petra de *Amor y pedagogía*, a quien Apolodoro deja encinta antes de ahorcarse, como de Rosario de *Niebla*. Augusto parece querer viajar con los mismos objetivos. Los viajes de Émile son concebidos para desviarle de las mujeres seductoras de la metrópolis y para prepararle para el día que reemplazca a su padre como progenitor (Van Den Abbeele 97-98). Al contrario, un Augusto falto de padre, un pobre hombre cuyos únicos preceptores, después del frío e irónico Víctor, el bizarro don Fermín y el despreciable Paparrigópulos, son mujeres—su madre, Liduvina, Eugenia y Rosario—necesita desgarrar el velo del misterio femenino de otra manera. De esta forma queda planteada en la obra la noción de un viaje en compañía de una mujer allende la vigilancia social, una noción trágicamente fortalecida y aniquilada por la necesidad de escapar de todos los remordimientos nacidos de su incipiente sexualidad. Tres años antes de la publicación de *Niebla*, Unamuno había brindado al público su novelita *Una historia de amor*, cuyos enamorados frustrados y aburridos—Ricardo y Liduvina (el último nombre se recicla en *Niebla*)—se fugan de la misma manera que Augusto les propone a Rosario/Eugenia. Cuando la "luna de miel" en una sórdida fonda se niega a producir chispas, buscan suicidarse a duo en el claustro: ella en el convento, él en el monasterio, símbolos apropiados de su vacío individual interior. Por razones muy obvias relacionadas con la creación de las duplicaciones interiores que son necesarias para producir los atributos autorreflexivos de *Niebla*, Augusto—a pesar de lograr, como demuestra Ribbans (*Niebla y soledad* 17-18), romper el estancamiento de su rutina (y sus planes de viajar pueden verse como otra evidencia de esta ruptura)—nunca logra la autonomía voluntariosa y sexual de Ricardo y Liduvina. Pero la obrita anterior destaca de manera clarísima cómo un viaje imaginado puede constituir un símbolo polivalente de la vida, de la redención, del escape del dolor y de la muerte añorada.

 La naturaleza fundamentalmente simbólica del viaje de Augusto tiene su base en la ubicación y microestructuras de *Niebla*. Una gran parte de la narrativa rastrea los conflictos de clase entre Augusto y sus dos sirvientes, entre Augusto y la empobrecida Eugenia y su tía calculadora, entre Augusto y "la del planchado," entre el holgazán Mauricio y las muy trabajadoras Eugenia y Rosario, entre don Eloíno y doña Sinfo, la dueña de su pensión (Franz, "The Discourse" 522-38). En esta antología de contrastes, la novela presenta una excelente sección transversal de la sociedad que podría encontrarse en una concurrida plaza pública y, de hecho, un gran número de los encuentros tempranos entre los personajes tiene lugar en sitios similares: las encrucijadas de Augusto con Eugenia, la persecución por parte de Augusto de mujeres no nombradas, su encuentro con Orfeo, las conversaciones de Mauricio con Eugenia. Las plazas públicas y las calles, con su geometría de esquinas y rincones, proyectan de múltiples maneras el símbolo de un recinto uterino (Bachelard 136-46). Éstos son mecanismos cuyos efectos sentirá un individuo ensimismado edípico y extremadamente aburguesado como Augusto, con sus dificultades de adaptarse al movimiento espacial o a la transformación social, sin poder—por lo menos al principio—comprenderlos. La configuración del movimiento dinámico dentro de recintos resistentes que se percibe de forma habitual en *Niebla* retrata con considerable precisión la confusión de españoles de distinta índole, de turistas extranjeros, de operaciones comerciales y, además, el creciente sentido de oposición y conflicto entre las clases que estaba siempre muy patente en la Plaza Mayor de Salamanca, donde Unamuno pasaba incontadas horas entre 1891 y 1907—cuando se escribió gran parte de *Niebla*—y 1914, cuando se publicó (Kent 44-45, 57, 59, 61-65). Para ilustrar este dinamismo, hay una fotografía particularmente reveladora en el libro de Kent, foto sacada al doblar el siglo, que presenta a la vez los confines del interior de la plaza, donde se lleva a cabo una procesión religiosa a la que acuden las masas, y la parte central, donde se reune un grupo de señoritos completamente ajenos a las sensibilidades de aquéllas, hombres indolentes que son representativos de "quienes disfrutan del día de sol, sentados en los bancos que dan hacia el interior de la plaza" (61). González Egido afirma, en efecto, que Unamuno se aprovechaba con cierta frecuencia de su concreta visión social de Salamanca para fundamentar los móviles de sus personajes literarios: "Salamanca no sólo le sirvió de escenario de su aventura humana, sino de coro y de materia literaria. Sus tipos salieron de la pequeña burguesía salmantina...." (214). Esta presencia del ambiente y dinamismo de la plaza salmantina no nos ha de sorprender, ya que "No es sólo que el ambiente de la colectividad urbana, los recuerdos espirituales de la ciudad y la sugerencias históricas del conjunto monumental influyeran en la creación unamuniana [...] es que la ciudad se instaló en Unamuno y Unamuno se instaló en la ciudad" (226). Esta excursis—a la vez semi-realista y semi-teórica—del aparente impulso paródico de la "historia de amor" de *Niebla* para volver a enfocarla, ahora como documento en tono menor de las características espaciales de una Salamanca cada vez más fragmentada, según sus naturales divisiones sociales, encuentra su justificación en el meollo del texto, donde queda patente la alusión a la ubicación salmantina. Y alude sin presentar detalles porque, como se aclarara tanto en los capítulos I y VII como en otras partes del presente libro, Unamuno escribe una narrativa *ejemplar* para transformar lo que queda del realismo en otra cosa.

En el capítulo III, Augusto se reune por primera vez en la obra en el casino con Víctor Goti para jugar su partida diaria de ajedrez. Estas reuniones, siempre en el mismo lugar, aportan una regularidad que justifica la curiosidad del lector con respecto a la selección de este sitio. El casino, semejante al que frecuentaba Unamuno en Salamanca, edificio que todavía se encuentra detrás de la Plaza Mayor, entre la Calle del Concejo y la Calle de Zamora, y donde solía jugar don Miguel al ajedrez, está situado no lejos del domicilio de Augusto. En el capítulo VI, el acomodado Augusto accede a la casa de Eugenia porque coge un canario enjaulado que acaba de caerse del balcón de su tía. Esta entrada parodia claramente la persecución de un halcón por el rico Calisto para tener acceso al jardín de Melibea en *La Celestina*, obra que, según la tradición, ciertas autoridades críticas y algunos letreros callejeros de la ciudad del Tormes, se había ambientado también en Salamanca. En el capítulo XIII, el metafísicamente escéptico Augusto entra en "una iglesia de San Martín" (72), donde se sienta en un ambiente recluido y empieza a rezar en actitud de desesperación y a meditar sobre su madre fenecida cuando, de repente, reconoce a su lado, y muy metido en sus propias oraciones, a Avito Carrascal, el personaje de su novela anterior, *Amor y pedagogía*. Para proseguir con nuestra tesis, no sorprende descubrir que la Salamanca real tiene también una pequeña iglesia románica del siglo XII que se llama San Martín muy cerca del casino, templo que ha formado parte del perímetro de la Plaza Mayor desde antes de la construcción del circundante edificio churrigueresco del siglo XVIII (Alvarez Villar 163; Kent 19ss). En efecto, críticos anteriores como Ricardo Gullón y Luciano González Egido confiesan creer que la presencia de una iglesia de San Martín en la novela constituye una misteriosa pero concreta alusión a Salamanca (González Egido 218). Por último, en el justamente famoso capítulo XXXI, Augusto visita a "Unamuno" en su estudio de la Casa Rectoral de la Universidad de Salamanca ante "un retrato mío al óleo que allí preside a los libros de mi librería" (148), cuadro de Losada que puede verse en el estudio hasta nuestros días.

Sin embargo, si el escenario de *Niebla* no sólo se modela en Salamanca sino que tiene la intención de aludir a este hecho a despecho de todo el discurso metacrítico posterior sobre una *nivola* que no ha de tener escenario mimético alguno, ¿por qué hace Unamuno (o "Unamuno" o Víctor) que Augusto *viaje* a Salamanca para conversar precisamente con Unamuno? Porque todo parece indicar que Augusto ya se encontraba allí. ¿Es que quería Unamuno al principio utilizar Salamanca como modelo sin nombre y después descubrió lo conveniente de trasladar el escenario a una Salamanca más fenoménica donde el autor mismo residía, creando así una ilusión de lo "novelesco" convertida en lo "histórico"? ¿Quería presentar señas espaciales de un desplazamiento desde el mundo estáticamente diegético, narrado por el extradiegético Unamuno, al agónico existencialismo del mundo metadiegético imaginado por las voces diegéticas de Augusto, Víctor y "Unamuno"? La polifonía del texto autoriza ambas interpretaciones, aunque no sin la inconsistencia de un movimiento hacia el espacio histórico con el propósito de sugerir el paso a un espacio literario o psicológico contrario. Es cierto que la inconsistencia entre el escenario salmantino original y el viaje que culmina en el mismo escenario no podría haber escapado la atención de Unamuno, entonces a la cumbre de sus poderes artísticos y críticos. El aparente absurdo del viaje y el conflicto entre las posibles posturas interpretativas puede tal vez rectificarse tomando el movimiento de Augusto como un cambio de plano o nivel discursivo, desde el nivel semi-mimético hasta el simbólico y metaficticio que va a predominar durante el resto de la novela. Esta es una perspectiva enteramente consistente con el diagnóstico que hace Øveraas de una "parte de Augusto," mimética en su carácter, que parece prevalecer en las tres cuartas partes de la obra, y otra "parte de 'Unamuno'," de carácter autorreflexiva, que sustenta toda la novela pero que revela su presencia y se apodera de la obra en los capítulos XXV, XXXI y XXXIII (15ss). El hecho de que las alusiones salmantinas se logran en parte por recurrir a una obra literaria (*La Celestina*) y a una pintura (el retrato de Losada de Unamuno) ayuda a desplazar—en efecto para alzar—el plano discursivo al nivel simbólico y autorreflexivo.

Hace más de veinte años Harriet Stevens y Ricardo Gullón señalaron que gran parte del comportamiento de Augusto con

Eugenia y Rosario queda enigmático a pesar de las muchas claves circunstanciales planteadas en la obra. Esto es así porque en muchos casos "La clave propuesta es insuficiente para descifrar el enigma" (27). Algo más recientemente, Olson ("Sobre" 428-29) ha apoyado esta noción, instando a que se apliquen perspectivas psicoanalíticas parecidas a las iniciadas por Feal y por el propio Olson. Son estas las perspectivas que, de manera limitada, hemos aplicado aquí en un intento de ordenar las aserciones contradictorias de Augusto acerca de sus planes de viaje.[4] Kent ha demostrado con perfecta lógica que, cuando Unamuno hablaba con gran entusiasmo del movimiento, del cambio de localización y del progreso en la utilización de los espacios públicos, revelaba con simultaneidad una añoranza diametralmente opuesta por conservar los viejos ordenes establecidos así como las tradiciones de una existencia humanamente comprensible. En vista de la dialogía de las perspectivas tanto de Unamuno como de Augusto con respecto al movimiento y al espacio, tal vez en lugar de sugerir una falta de claves adecuadas para comprender el contradictorio anticipar y eludir de viajes por parte de Augusto fuera mejor decir que las claves son más que suficientes pero que son tantas que producen comportamientos y señas de valores múltiples que, al fin y al cabo, reflejan valores sobrecargados y hasta plenamente contradictorios. Tal multiplicidad y transparen-

---

[4] Siguiendo las sugerencias anteriores de Ricardo Gullón y de Feal, Olson había iniciado la exploración de este enfoque psicoanalítico en su tomo de 1984, *Unamuno: "Niebla,"* pp, 50-67. El tomo de Jurkevich, *The Elusive Self*, que crea imprescindibles evidencias textuales sobre las iniciales percepciones de Olson, aplica las nociones jungianas de la personalidad individualizada y no-individualizada al vocear autorreflexivo autor/personaje de las novelas de don Miguel y logra construir la teoría más creíble que haya aparecido hasta la fecha con respecto a las personalidades tanto de don Miguel como de sus personajes.

cia no es sólo una característica del tratamiento de todos los motivos, incluso los de la autorreflexividad, de la personalidad y del existencialismo que aparecen en *Niebla*, sino más bien una continuación de un motivo unamuniano aún más trascendente en el que cada etiqueta que acuña la percepción humana dentro de la novela (vida/muerte, admiración/desdén, heroísmo/egoísmo, divinidad/humanidad) de manera axiomática, existencial y dialógica abraza su opuesto. Estas etiquetas necesariamente plantean su opuesto porque, como señalaba posteriormente Ortega en *El tema de nuestro tiempo* (1923) y en *La deshumanización del arte* (1925), un universo de perspectivas infinitas inicialmente concede a cada visión la misma categoría de veracidad y autenticidad. Este concepto de democracia e interdependencia es igualmente aplicable a la narrativa donde, como demuestra Roemer, "lo que se incluye está automáticamente conectado.... A pesar de ser originalmente inconexos y fragmentados, la mera inclusión de los elementos los enlaza." "Su falta de conexión *es* su conexión...." (11; traducción mía).

En esta clase de universo dialógico narrativo, el alzar del imaginado movimiento por el espacio a nivel simbólico que sugiere el "viaje final" o la muerte inevitablemente permanece provisional e inestable. Que la muerte y la narrativa que conduce a ella sean inestables responde, claro está, a la añoranza más acalorada tanto de "Unamuno" como de Augusto, añoranza corroborada por los sueños de autonomía ficticia y de escape de mortalidad voceados en muchos de los paratextos de *Niebla*. Éstos incluyen su Prólogo, su Post-Prólogo, Epílogo, Prólogo a la Segunda Edición ("Historia de *Niebla*") y los varios ensayos post-1914 que resucitan al personaje y a su "autor" en un intento de volver a montar, a configurar y a cambiar el "viaje final" al que Augusto y "Unamuno" infelizmente sucumben en la conclusión provisional de la narrativa original.

V
Niebla y Strindberg

EN *NIEBLA* (1914), COMO hemos visto, a partir del capítulo XV Augusto Pérez anuncia a varios personajes un misterioso y largo viaje que resulta ser la travesía final, la del suicidio. Aunque el anuncio se dirige inicialmente a Ermelinda, la tía de su mal dispuesta "novia" Eugenia, y después a varias otras personas (Franz, "Augusto's 81-87"), sus verdaderas destinatarias son la planchadora Rosario y la misma Eugenia. Cuando Augusto le brinda a Rosario la oportunidad de acompañarle en este viaje, parece aludir sólo a un acto de turismo, pero el creciente contexto de la desesperación existencial y de las constantes preocupaciones escatológicas del protagonista añade con el tiempo una oscura dimensión simbólica asociable con un viaje de novios "a la Meyerling" en que los cuitados amantes, haciendo halago de su amor fatal, procuran eternizarse en la memoria de los lectores de los diarios. Como Augusto sólo le dice a Rosario lo que no se atreve a declarar a Eugenia, el lector intuye que lo que de veras desea el impotente y ridiculizado señorito es suicidarse al lado de esta "belle dame sans merci" para llevar a una apoteosis estética y existencial una emoción incapaz de producir un clímax verdadero.

En 1888 el dramaturgo sueco Augusto Strindberg estrena *La señorita Julia* (*Fröken Julie*), obra maestra de su época naturalista. En este drama la epónima heroína aristocrática, mujer de feroz independencia, se rinde al mayordomo Juan durante la fiesta organizada por la servidumbre para celebrar el solsticio de verano. Avergonzada de su concupiscencia con el empleado e incapaz de seguir con honor en casa de su padre, un conde de título no hereditario, Julia le sugiere que escapen juntos al lago Como, a Suiza y a los balnearios alemanes, sitios donde el ambicioso mayordomo podría, con el dinero de ella, adueñarse de un hotel en donde Julia, según él, se encargaría de los sirvientes y de la contabilidad. Juan claramente busca apoderarse de la dote familiar de Julia, mientras que Rosario y, después, Eugenia prevén su salvación en el dinero de Augusto. El viaje de novios en la obra de Strindberg nunca se inicia porque, antes de llevarlo a efecto, Julia se da cuenta de la nadería de su nueva situación social y se suicida con la navaja del empleado. De hecho, antes del fatal desenlace, ambos amantes reconocen que el viaje de escape los llevará inevitablemente a un doble suicidio:

JUAN ... Así, ¿Qué deberíamos hacer?
JULIA Partir.
JUAN ¿Y tormentarnos hasta la muerte?
JULIA No, divertirnos durante unos días, una semana, cuanto tiempo dure, y después—morir.
....
JULIA ¿No quieres morir conmigo?
(95-96; traducción mía)

Entretanto la sirvienta Cristina, prometida del mayordomo, le anuncia a Julia que las ricas inmorales como ella no heredarán el reino de Dios.

En vista del viaje de novios convertido en suicidio, las dimensiones escatológicas, la inversión de papeles sociales y el fuerte diálogo que dramatiza la lucha de clases tanto en *La señorita Julia* como en *Niebla*, no sorprenderá descubrir que muchos otros detalles de argumento, caracterización y enfoque unamunianos parecen atenerse a la obra de Strindberg. La cuasi-seducción llevada a cabo por Juan a instancias de la tempestuosa Julia y el viaje propuesto por ésta se parodian en Unamuno al producir tanto la fracasada seducción de Rosario/Eugenia intentada por Augusto (pero provocadas por ellas) como el viaje hacia la muerte ideado por el señorito. Como dice el tenorio Mauricio, en el capítulo XVI de *Niebla*, en esta *nivola* como en el mundo, el verdadero seductor no es el hombre sino la mujer. Aunque las dos obras señalan en el sirviente y en el proletario en general una solidez y apego a la vida que faltan en el rico y en el aristócrata, es sólo la obra de Unamuno la que, en lugar de elogiar al viril y estoico mayordomo, retrata la superioridad de dos mujeres maltratadas que, debido a una astucia innata, seducen y sobreviven mientras que sus tenorios abandonan todo compromiso con la vida. Veamos a nivel microscópico las muchas otras semejanzas entre estas dos obras autorreflexivas.

Tanto Julia y como Augusto tienen perro y se preocupan por su alimentación. Augusto utiliza a su perro como narratario de sus monólogos amoratorio-metafísicos, y al final de la obra el perro pronuncia el Epílogo que nos presenta conclusiones provisionales que parece compartir con el narrador principal. Cuando, al final del drama de Strindberg, Julia decide suicidarse pero al principio le falta coraje para cometer el acto decisivo, le dice lo siguiente al amante Juan: "Mándame hacerlo, y te obedeceré como una perra" (108). Aunque la animalización sugiere otra vez los deseos sexuales de Julia propiciados por su menstruación (parte importante del componente naturalista de la obra), también presenta la noción de la interlocutora que le permite al "otro" (Juan) exteriorizar sus frustraciones, función ejercida por el perro Orfeo en el triste caso de Augusto.

Tanto Domingo, el sirviente de Augusto, como el mayordomo de Julia afirman que los de su clase no piensan en términos de lindos conceptos literarios como el amor y la espiritualidad. Julia, cuya nobleza es de carácter dudoso, rompe de manera sumamente caprichosa y cruel su compromiso de contraer matrimonio con el novio que la adora. Las sirvientas de Julia entonan una canción en la que dos señoritas ficticias prometen eterna fidelidad al rico comprometido y prevén unas continuadas relaciones sexuales con otros señores. Eugenia promete casarse con el rico Augusto, pero se escapa con el tenorio Mauricio. Los empleados de Julia se mofan de la superioridad de sus amos, mientras que los sirvientes de Augusto se burlan de las penas imaginarias y la incapacidad sexual de su patrón. Julia le sugiere a Juan que partan en un largo viaje de diversión; sólo después inventa un destino basado en las vacaciones anuales que suele tomar con su familia. Augusto nunca dice adónde quiere viajar con Rosario/Eugenia. Juan se preocupa por alzarse al nivel social de la "linajuda" familia de Julia por medio de ganar una fortuna en el hotel que piensa comprar, y planea comprarse un título postizo en Rumanía que será el equivalente del de su patrón. Rosario intenta que Augusto la deje encinta, adquiriendo de esta manera el estatus y dinero de una mujer protegida. Juan añora tener con Julia hijos que puedan ser futuros condes, aunque sabe que el conde actual nació de una familia humilde. Rosario sueña con tener con Augusto prole que el público asocie con un padre respetable y adinerado.

Después de mantener relaciones con Julia, Juan la trata con extremada frialdad y hasta se jacta de sus otros encuentros sexuales. Augusto (cuyo nombre nos hace pensar, entre otras cosas, en el de Strindberg) recibe del ginepsicólogo Paparrigópulos los consejos de que busque encuentros con muchas mujeres y que las utilice como sujetos en la composición de un frío estudio psico-sexual. Por medio del sexo, Julia y Augusto descienden al mal ocultado salvajismo de sus sirvientes, bestialismo speceriano-schopenhaueriano que Strindberg y Unamuno identifican en todo ser humano no templado por la sociedad. Ambos literatos, igual que Schopenhauer, descubren bajo este salvajismo un desesperado intento de crearse un algo usando la nada de la primordial inexistencia humana. A diferencia de Strindberg, que desdeña el *angst* privilegiado de la rica Julia, Unamuno simpatiza con la desesperación universal del ser humano en su estado de aislamiento radical, incluso con la del rico, una actitud que recuerda a la del cura don Manuel en *San Manuel Bueno, mártir*. Julia es feminista que sin embargo no se resiste al hombre cuando su menstruación la inflama de deseo. Eugenia también es feminista pero se rinde a Mauricio (la "llamada de la especie" schopenhaueriana) para que sus hijos tengan (piensa ella) sangre "fuerte" que les permita sobrevivir a las vicisitudes y tribulaciones de la vida.

Cuando la sirvienta Cristina se da cuenta de que Juan la ha traicionado con Julia, resuelve luchar para retener a su hombre. Sin embargo, no le tiene celos a Julia, ya que la diferencia de clases no le permite concebir envidia por considerarse moralmente superior a su decadente patrona. Cree que la mimada Julia se divierte de la manera más cruel con el rigurosamente disciplinado mayordomo:

JUAN   ¿No tienes, celos, eh?
CRISTINA   No, de ella no. Si hubiera sido Clara o Sofía, ¡les habría sacado los ojos!
—Pero ella—no—No sé por qué. (99-100)

Rosario tampoco concibe los celos cuando Augusto intenta traicionarla con Eugenia, la ex-burguesa venida a menos por el despilfarro de su padre. Para Rosario, la otra es sencillamente una "mala mujer":

—Me parece, don Augusto, que esa mujer le está engañando a usted...
—Y a ti, ¿qué te importa?
—Me importa todo lo de usted.
—Lo que quieres decir es que te estoy engañando...
—Eso es lo que no me importa. (106; cap. XX)

Antes de fugarse, Julia vuelve con su canario enjaulado y anuncia la imposibilidad de abandonarlo al emprender el imaginado viaje. Le ruega a Juan que lo sacrifique. Juan toma el hacha y lo ejecuta en el acto. En *Niebla*, un canario enjaulado cae del balcón de la tía de Eugenia, y Augusto, que rondaba la casa, se lo devuelve como pretexto para empezar a intimar con Eugenia.

Cuando Cristina descubre que Juan piensa fugarse con Julia, ésta sugiere que los tres se escapen juntos. Vivirían *ensembles* hasta que la sirvienta encontrara novio propio. En los capítulos IX y XVI de *Niebla*, Eugenia le da un ultimátum al golfo de Mauricio: o se casan o se dejan de ver. Mauricio dice que está conforme con compartir a Eugenia con Augusto, aún proponiendo en el capítulo XVI que se case con Augusto y que prosigan con sus intimidades a hurtadillas. Eventualmente, Augusto intima con Rosario. Julia no ve solución para su dilema: ha de marcharse para no enfrentarse con su padre el conde, pero, por razones de su concepto de clase, se resiste a vivir con un mayordomo. A instancias de Julia, Juan le sugiere el suicidio, un suicidio al que el conde mismo se había negado cuando su propia esposa le había sido infiel. La esposa eventualmente se suicidó. La relación conyugal entre el conde y su mujer feminista ha sido sumamente infeliz. Esta situación sugiere de manera muy indirecta la de los misteriosos padres de Augusto. Augusto—como el propio Unamuno histórico—ya no recuerda a su difunto padre. La tía de Eugenia sólo recuerda a la piadosa madre de aquél, doña Soledad. Cuando Augusto rememora a su madre, recuerda cómo ésta a su vez conservaba las cenizas de los últimos puros fumados por el marido. La mayoría de los comentarios críticos sugiere una interpretación freudiana según la cual la conservación de los puros representa el deseo por parte de la madre de volver a intimar con un querido esposo. Se establece así un contraste entre la piadosa madre pública de la vejez y la mujer todavía amorosa que vive por dentro. Sin embargo, nuestro recuerdo de los famosos restos de puros no completamente fumados dejados por el juez don Víctor Quintanar en *La Regenta* (1884-1885) de Leopoldo Alas—hay que recordar la importante amistad literaria entre Clarín y Unamuno hasta la publicación de *Paz en la guerra* (1897) y la indiferencia exhibida por Alas—sugiere también la idea de cierta incapacidad sexual por parte del esposo, idea reforzada por los problemas amorosos de Augusto con Rosario. Es importante notar que ni los padres de Julia ni los de Augusto tuvieron otros hijos y que el lector de *Niebla* nunca descubre cómo murió el padre de éste. Sin embargo, el suicidio del padre de Eugenia y los planes de Augusto de suicidarse después de discutir tal proyecto con el "Unamuno" que había, a su vez, escrito ciertos artículos sobre el mismo particular, establecen cierto clima temático que justifica la exploración de un posible desquite paralelo por parte del padre de Augusto. ¿Podía éste ser feliz en compañía de una mujer dominadora como doña Soledad? ¿Es el nombre Soledad sólo emblema de una viuda, o es también indicación de una incapacidad para convivir?

Es imposible ignorar el Prefacio que escribió Strindberg para su obra. En él Strindberg habla de la crisis de un teatro europeo que tiempo ha dejó de tomar en serio la intimidad necesaria entre actores y público (56), tema que Unamuno recoge en su conocido ensayo, "La regeneración del teatro español" (1896) y que será la base del diálogo teatral con aspectos de *ensemble* que caracteriza gran parte de *Niebla*. Strindberg insiste en que el diálogo sea sencillo y natural, con pausas y distracciones y con vueltas a su punto de partida sin llegar a conclusiones (63; Magill 541), y nadie puede negar que sean éstas las características de los diálogos de *Niebla*. Junto con la violación de los planos diegéticos, que Unamuno admite haber aprendido de Cervantes y del altisonante Carlyle, tenemos aquí—menos el concentrado componente metafísico de Unamuno—gran parte de la fórmula de *Niebla*. Otra cosa que subraya Strindberg es que la motivación de los personajes de su *La señorita Julia* es múltiple. El precipitado coito entre Julia y Juan está motivado por la ausencia del conde, por la menstración de Julia, por la reacción al feminismo de la madre de ésta, por la ineptitud del padre, por el ambiente festivo del solsticio, por el alcohol, por la influencia afrodisíaca de las flores del jardín, et cétera. Los motivos de Augusto, de Eugenia y de Rosario son asimismo polifónicos: su clase social, la falta o abundancia de dinero, el deseo de tener paracaídas en forma de amante y/o apoderado, el propio egoísmo, la orfandad y otras cosas. Es de notar que estas múltiples y contradictorias motivaciones tanto en Strindberg como en Unamuno producen siempre un diálogo en el cual los personajes se encuentran en tensión no sólo con sus interlocutores sino aún más consigo mismos. Cuando Julia habla con Juan, su deseo de feminizar al rudo y proletario mayordomo para que pueda imaginarle como su compañero está en conflicto con sus ideas de independencia, su sangre patricia y su abominación ante el compromiso. Cuando Eugenia habla con Augusto se entremezclan en sus motivos el desprecio al inepto, la compasión, el deseo de agradar a la tía, el odio a la burguesía que la excluye, la obligación de redimir su hipoteca, la necesidad de motivar a Mauricio y sus propios deseos de convertirse en centro de atención y de tener hijos.

Strindberg señala su afición a la paradoja y a los personajes sin carácter definible (58-59). La negación a redondear a sus personajes se corresponde con el deseo de crear entes que no dejan de crecer por no admitir clausura (Karnick 60). Para efectuar la libertad del personaje, Strindberg crea espacios para que aquél improvise sus propios monólogos (Strindberg 65), idea paralela a la del filósofo Entrambosmares en *Amor y pedagogía* (1902), donde éste le dice al trágico Apolodoro que intente improvisar su "morcilla" en el guión preparado por el "Gran Tramoyista." Estas mismas nociones se ven con claridad en *Niebla*, llena como está de paradojas, de quiasmos y de sencillas contradicciones. En su famosa explicación de su *nivola*—que resulta ser *Niebla* misma—Víctor Goti subraya la misma falta de clausura en el diálogo, en la caracterización y en la intriga: "Mi novela no tiene argumento"; "El argumento se hace él solo"; "Mis personajes se irán haciendo según obren y hablen"; "a veces su carácter será el de no tenerlo"; "La cosa es que los personajes hablen, que hablen mucho, aunque no digan nada" (91-92; cap. XVII). En su largo diálogo del capítulo XXXI, Augusto y "Unamuno" debaten si el personaje o ser humano puede en realidad sobreponerse a la clausura impuesta por el novelista o por Dios. Strindberg hace hincapié en haber puesto en boca de sus personajes ideas suyas que interfieren con la realidad del ente ficticio, de manera que el auditorio perciba el artificio de toda la obra (59). Lo mismo se aprecia en *Niebla*, donde los sirvientes dan muestra de la sociología y economía académica que Unamuno había estudiado, donde el señorito diserta sobre Wordsworth, Spinoza, Kant, Schopenhauer, etcétera, y donde la inserción de notas metaliterarias y la aparición de "Unamuno" destruyen toda ilusión de realidad coherente ajena a la obra. Strindberg dice que el público necesita "ver los hilos, mirar los aparatos, saber cómo los efectos se logran, examinar la caja de doble fondo...." (64). Es ésta la misma autorreflexividad que Unamuno logra montar y elaborar al parecer sin querer agotar sus límites imponiendo clausura. Es curioso que tanto el sueco como el español recurran al mismo *Hamlet* y al mismo *Quijote* para respaldar estas nociones.

Strindberg admite que su texto evidencia un compendio de relaciones con otros textos (60), mientras que el Prólogo de Víctor en la obra de Unamuno hace similar afirmación. El sueco asimismo subraya lo moderno del feminismo encarnado en Julia (60), mientras que Fermín, el tío de Eugenia, una y otra vez generaliza sobre el mismo atributo de su sobrina. El dramaturgo se destaca por su intento de representar la sociedad tal y como como se percibe desde "abajo" (62), es decir, desde la realidad del proletario que desprecia los privilegios inmerecidos de las otras clases pero que a la vez necesita añorarlos si quiere motivarse para obtener algunos de ellos. Todo esto se vislumbra en los diálogos y actos de Domingo, Liduvina, Rosario y Eugenia (ahora que es simplemente maestra de piano). Cristina tiene además, explica Strindberg, la motivación para recobrar, por medio del matrimonio y la religión, la inocencia perdida (63), motivo que vemos sin lugar a dudas en la conmiseración y sentimentalismos falsos de Rosario.

En el capítulo XI de *Del sentimiento trágico de la vida* (1912), donde Unamuno discute la primordial reacción humana ante la injusticia de la muerte, don Miguel se refiere a un artículo sobre Strindberg, "The Dramatic Inferno" recién aparecido en *The Nation* de Londres. El artículo está fechado el 6 de julio de 1912 (*Ensayos* 966), es decir, dos meses después de la muerte del dramaturgo el 4 de mayo del mismo año. Unamuno utiliza el comentario sobre la obra de Strindberg para apoyar su propia tesis de que el verdadero pesimista es el que se calla y no el que protesta, como la mayor parte de los seres humanos. Es una idea, compartida tanto por don Miguel como por el dramaturgo sueco, y que se ve plasmada en personajes frustrados pero habladores como Augusto y Eugenia en *Niebla*, obra cuya composición se completaba durante el mismo período en que salían en *La España Moderna* los capítulos del *Sentimiento trágico*. Sin embargo, cuando se coteja *La señorita Julia* con el único borrador que se conserva de *Niebla* (ver nuestro último capítulo), borrador temprano que Valdés fecha en 1907 ("Introducción" 47), se nota que todo el material en teoría atribuible a Strindberg ya se encuentra integrado en este manuscrito parcial conservado en la Casa-Museo Unamuno. Este hecho sugiere que, de haber influido en Unamuno la obra del sueco, la lectura e inspiración de *La señorita Julia* habrían tenido lugar coetáneamente, durante la última década del siglo XIX, cuando don Miguel se metía a leer otros autores escandinavos como Kierkegaard e Ibsen en su idioma original. Es de notar que el mismo crítico danés, Georg Brandes, que había traído a la atención de Unamuno la obra de Kierkegaard, Nietzsche e Ibsen, haya sido también el primer apóstol y director de las obras de

Strindberg.

Como se señalará en los capítulos VIII y IX de este estudio, el manuscrito de *Niebla* que se conserva en Salamanca demuestra sin lugar a dudas que en sus retoques al manuscrito, Unamuno había cambiado pocos detalles de argumento, pero sí muchos aspectos de su caracterización. Ya que, como hemos visto, la mayor parte del material de índole "strindbergiana" es también argumental, se puede conjeturar que tanto el papel del viaje fatídico, como el de las provocaciones a la seducción y de los conflictos verbales entre *La señorita Julia* jugaron un papel importante en la estructuración de la *nivola*. También se puede teorizar que las ideas strindbergianas sobre las caracterizaciones y diálogos sin clausura, ideas nítidamente expuestas en el Prefacio a *La señorita Julia*, pueden haber influido en las formas adoptadas por Unamuno tanto en *Niebla* como en otras narrativas. La orientación principal de *La señorita Julia* es más social que psicológica (pocos años después la orientación del dramaturgo virará unos ciento ochenta grados al zambullirse en las aguas del simbolismo.) Aunque las incompatibilidades entre Julia y Juan se relacionan en parte con su sexo (la conocida misoginia de Strindberg, aprendida de Schopenhauer y de Nietzsche, que ve en la mujer un cálculo fundamentado en su necesidad de provocar para que pueda en turno procrear), se deben principalmente a su pertenencia a clases sociales distintas y a las proscripciones impuestas en ellos por estas clases. Como demuestra Øveraas (passim), las tres cuartas partes de *Niebla* dan la impresión de basarse en conflictos de índole mimética. Es sólo con la lectura del último cuarto de la obra que el lector se da plena cuenta de que el mimetismo encubre, desde la primera página, una fuerte dimensión metaficticia. Ver un intertexto entre *Niebla* y *La señorita Julia* sólo sirve para reforzar el mimetismo de la primera parte de la narrativa. Es más, resalta el hecho de que, si no se le otorga a la última parte su debido peso, la primera parte de *Niebla* constituye, de manera fundamental, una novela social en la que ni autor ni lector saben cómo han de resolverse los conflictos ocasionados por las aparentes incompatibilidades de clase que discutimos ya en el capítulo III.

Es altamente instructivo notar que, cuando el anarquista Fermín logra brevemente orientar a *Niebla* hacia el feminismo, es para señalar que la brava Eugenia, la "mujer del futuro," es admirable por su hercúleo intento (fracasado como se ve) de crearse un nuevo papel activo que se atenga a su propio interés y orientación interior. Al contrario, cuando Paparrigógulos trata de encasillar a la mujer dentro de una psicología basada exclusivamente en su biología, el personaje deja de tener credibilidad. Todo el texto circundante revela la presencia de personajes femeninos que se quedan frustrados por no poder liberarse del papel de clase inferior que una férrea sociedad en aras de caducarse les ha decretado. Esta es la misma sociedad agotada que representa Julia (Magill 541). Un reciente libro muy valioso, el de la ahora fenecida periodista Josefina Carabias, presenta una entrevista con Unamuno efectuada en 1931 en la que don Miguel recuerda una réplica hecha a Emilia Pardo Bazán durante una discusión sobre el feminismo unas décadas antes (195). En esta réplica, Unamuno subraya la dificultad (para él, la imposibilidad) de que la mujer escape de manera revolucionaria a su papel de gestar y amamantar hasta que la sociedad pase por una larga evolución reorientadora. (Unamuno no podía ver cuán rápidamente esta reorientación se llevaría a cabo en España y en gran parte del mundo durante los próximos setenta años.) Esta es la perspectiva de Unamuno en *Niebla*, mientras que la de Strindberg—aunque claramente parecida a la de Unamuno con respecto a lo caduco de su sociedad (es claro que algún día los resentidos sirvientes se apoderarán de los inmerecidos privilegios del conde y su familia)—se asemeja más a la de Paparrigópulos con su creencia en una "mujer eterna" que se encasilla dentro de una serie de textos clásicos todos escritos por hombres.

Niebla es a fin de cuentas muy diferente de la pieza de Strindberg. En ésta la nota escatológica sólo se presenta cuando, frente al suicidio, Julia expresa de manera desesperada su admiración ingenua de la fe de Cristina sin entender que esta fe obedece, no a una profunda espiritualidad bíblica, sino a una ausencia de posibilidades materialistas. En *Niebla*, al contrario, lo metafísico forma un crescendo que con el tiempo tiende a ocultar otras dimensiones que parecen dominar al principio. En la obra de Strindberg priman los conflictos de Julia (Strindberg los presenta con maestría, aunque su presentación carece de simpatía), y en *Niebla* los de Augusto (Unamuno sólo logra simpatizarse cuando éste se conciencia de sus añoranzas de autodeterminación). Este privilegiar contrario del sexo opuesto tiene, sin embargo, un importante punto de contacto: el proyecto de autoafirmación por medio del suicidio de Augusto puede verse como una parodia (sólo en parte cómica) de Julia. Ambos personajes resultan incapaces de seguir viviendo a sabiendas de que sus ilusiones de superioridad, armonía y espiritualidad han naufragado contra la brutal realidad de sus instintos sexuales (Lagercrantz 195). Es interesante notar que, cuando Unamuno utiliza por primera vez el nombre de Julia dos años más tarde, para dar identidad a la esposa de su novelita *Nada menos que todo un hombre* (1916), lo hace siguiendo el mismo patrón que usara en *Niebla*, haciendo que el protagonista Alejandro Gómez también se suicide por motivos de una autoafirmación decretada por un conflicto de clases y una humillante dependencia escatológico-física en su mujer. Es como si la publicación y el éxito de *Niebla* hicieran que Unamuno recordase su anterior fascinación con la Julia de Strindberg y, despreocupado por el descaro de una alusión tardía a una fuente importante de su famosa *nivola*, se atreviera a confesar de manera complacida su deuda hasta entonces inconfesada al dramaturgo sueco.

VI
Niebla, o el mundo como la Bolsa

SIEMPRE HAY Y SIEMPRE habrá detalles de *Niebla* que se nos escapen. En el capítulo III, Víctor Goti reprende a Augusto Pérez por haber llegado tarde a su diaria partida de ajedrez. A Augusto le irrita la actitud de superioridad que muestra su amigo y le responde: "—Pero ¿es que crees que sólo tienen quehaceres los agentes de bolsa?" (34). En el capítulo VI, doña Edelmira, la tía de Eugenia, le explica a Augusto: "—... El padre de Eugenia se suicidó después de una operación bursátil desgraciadísima y dejándola con una hipoteca que se lleva sus rentas todas" (47). Lo que no se ha explorado son las posibles implicaciones de estas dos aserciones. ¿Es Víctor agente de Bolsa? ¿Tenía algún papel en la operación bursátil que hundió al señor Domingo, el padre de Eugenia?

Otro detalle. En el capítulo II, Augusto le escribe una carta de declaración a Eugenia y, caminando hacia la avenida de la Alameda, se precipita a dejarla con la portera de su casa, donde la empobrecida huérfana vive con sus tíos (33). En el capítulo III, la sirvienta Liduvina agrega más información, preguntándole a

Augusto si su enamorada es la misma Eugenia que está domiciliada "en la avenida de la Alameda, encima del comercio del señor Tiburcio" (39). La primera frase pronunciada por el narrador en el capítulo VI concretiza la dirección: Eugenia vive en la casa número 58 de la avenida de la Alameda (45).

¿Tienen importancia estos detalles? ¿Hay alguna relación entre ellos? En una novela tan filosófica, metaficticia y cuidadosamente estructurada como *Niebla* la sospecha es que Unamuno ha seleccionado cada detalle con la idea de que todos ellos contribuyan a una visión global del acto de narrar como sinécdoque de la existencia.

Si existe alguna noción que se asocie universalmente con la palabra *Bolsa* es la idea de riesgo. El padre de Eugenia visualizaba ciertos riesgos, acariciaba la posibilidad de acertar y se equivocó. De ser agente de Bolsa, Víctor ayudaría a sus clientes a calcular y a minimizar estos riesgos. El riesgo y los caprichos del azar son uno de los motivos más difundidos en *Niebla*. Augusto constantemente juega al ajedrez y a las cartas, perdiendo siempre. Víctor le aconseja al cuitado Augusto que se burle, que se haga "rana," confiando en que el futuro le conceda mejor suerte, aunque al mismo Víctor le desesperan sus propios problemas matrimoniales. Víctor habla de su composición de una *nivola* que deje la construcción de su argumento a los decretos del azar porque revelar los mecanismos del azar produce más verosimilitud que recubrirlos con la ilusión de un argumento. El tío Fermín fomenta el anarquismo porque cree que los riesgos asociados con la ausencia de reglas y jerarquías son menores que los que intervienen en la imposición de un sistema. Una y otra vez la tía Ermelinda sermonea a Eugenia sobre la necesidad de poner fin al caos social y financiero casándose con un hombre rico. Cuando Augusto intenta "comprarle" la mano a Eugenia por regalándole la hipoteca que grava sobre su casa, Eugenia sopesa si debe aceptar la propuesta o gestionar un empleo lucrativo para su novio Mauricio. Rosario decide que tener un hijo de Augusto y mantenerse a expensas de éste sería mejor que seguir planchando o casarse con un tipo inculto procedente de su propia clase. Los sirvientes del rico Augusto le consideran tonto y carente de hombría, pero deciden que seguir aguantándole sería mejor que buscar otro empleo. Augusto siente la molestia de tener que tratar a personas como la portera Margarita, sus propios domésticos, el tío Fermín y el psicólogo Paparrigópulos, pero decide no ofenderlos porque cree que precisa de su ayuda y consejos. Aún los personajes de algunas de las novelitas intercaladas hacen eco de estos riesgos y compromisos. Avito Carrascal (cap. XIII) alude al compromiso sexual de su hijo Apolodoro con la sirviente Petra en el epílogo de *Amor y pedagogía* como la promesa de tener prole que le garantice al pobre suicida la "eternidad" genética si no la espiritual al fin captada por su padre. La pensionista doña Sinfo decide que casarse con el carcamal don Eloíno y heredar su dinero es preferible a someterse al poco alcance de su propio presupuesto (cap. XVII). Como dejo constatado en el capítulo III, todos los personajes de *Niebla* deciden que, a pesar de los riesgos casi insoportables, manenter el *status quo* de sus relaciones conflictivas es mejor que sufrir las sorpresas del caos absoluto. Es este el compromiso alterativo con el sistema social vigente, llevado al plano de una fe en los frutos del orden social y a veces en la promesa de la vida eterna—juego fomentado por los distintos poetas, filósofos y santos cuyas aserciones se perciben como el hipotexto de la obra—el que sustenta la dimensión metafísica de la novela que poco a poco se levanta por encima de su exposición social y psicológica.

Es interesante recordar del capítulo IV de este estudio cómo, a pesar del famoso viaje que hace Augusto a Salamanca para hablar con "Unamuno" en el capítulo XXXI, todas las descripciones de los sitios que visita Augusto en los treinta capítulos anteriores demuestran sin lugar a dudas que Augusto ya estaba concretamente en Salamanca, constatación que señala la dimensión metaficticia/metafísica de toda la obra. El capítulo aludido, sin embargo, no discute la residencia de Eugenia en la avenida de la Alameda, número 58 ni alude a la presunta profesión de Víctor. Pero, en efecto, Salamanca, que pocas veces se encuentra fuera de la perspectiva unamuniana, sí tiene una calle que se asemeja fonológica y urbanísticamente a la avenida de la Alameda, y la novela, *Niebla*, que se sitúa claramente en esta Salamanca, dice que Víctor es agente de Bolsa. La verdadera calle salmantina, avenida muy corta, se llama la avenida de la Alamedilla, y se encuentra al suroeste de la zona monumental pero bien dentro de la ciudad de primeros de siglo. El nombre Alamedilla viene del parque público que se instaló al lado de la calle durante los últimos quince años del siglo XIX. Aunque el nombre original de la calle era Subida al Rollo (Esteban 58), pronto adoptó el apelativo del parque favorecido por los burgueses. Vale la pena explorar la historia de esta zona de la ciudad.

Durante la segunda década de la Restauración, las clases dirigentes empezaban a perder paciencia con el carácter popular y, en aquellos años, decididamente vulgar de la famosa Plaza Mayor. Coincide este período con la bella época en las grandes capitales europeas, período durante el cual, como afirmara un columnista de *El Adelanto*, periódico de Salamanca, el 24 de abril de 1892: "En cafés, en teatros, en paseos, en todos los sitios, la tal cuestión social es la comedilla más abundante de las conversaciones" (Rabaté 85). Con los escombros de varios derribos recientes y los producidos por la construcción de la nueva vía férrea que corría entre Medina del

Campo y Portugal, se llenaron unos solares en la zona suroeste cerca del ferrocarril. Allí con el tiempo se plantaron árboles y jardines, se instalaron paseos y, en 1889, se construyó un invernadero. El año siguiente el Ayuntamiento votó crear también un lago y una cascada artificial. Leamos unas descripciones del maestro libro de Kent, de donde se extraen estos datos:

> Fue ese nuevo espacio público donde se empezó a experimentar con jardines y las estructuras que los salmantinos podían ver en las revistas ilustradas y las fotografías de la época.... En la Alamedilla se puso en práctica la versión salmantina de la *Belle époque*, porque el parque reunía las condiciones para imitar los nuevos ritos burgueses. Por allí se paseaban los carruajes señoriales y las señoritas con parasol, como si estuvieran en el Bois de Boulogne o en los Jardines de Luxembourg. (*La Plaza Mayor* 48)

A finales del siglo XIX la Alamedilla, su avenida y sus entornos presentaban un claro símbolo de los *nouveaux riches* y de sus crecientes deseos de consumo conspicuo. En efecto, el mismo Kent, en otro estudio suyo, señala que el parque representaba una afrenta a las sensibilidades del obrero y del campesino, reflejando, no la vida comunal, sino, muy artificiosamente, "el gusto pastoril de la cultura industrial, concentrado en los placeres burgueses y no en los festejos tradicionales castellanos" ("Los espacios públicos" 148-49). Como señala claramente Rabadé (85-256), la brecha entre estas costumbres y edificaciones aburguesadas y la creciente presencia laborista-sindicalista pronto va a desembocar en las manifestaciones, huelgas y actos de violencia que atestiguará el joven catedrático de lengua griega, Miguel de Unamuno. En un discurso que pronunció el 14 de abril de 1932, Unamuno recuerda de forma aguda el clima conflictivo de esta época: "Cuando llegué a esta Universidad salmantina la en-contré [sic] como la ciudad toda, hondamente perturbada por luchas de carácter político; político y hasta cierto punto profesional" (Sena 33).

No es ésta la única época durante la cual Salamanca desplegaba símbolos de su nueva riqueza. En realidad, casi todos los monumentos de la ciudad ejercían esta función en la época de su edificación. Por ejemplo, la iglesia románica de San Martín (siglo XII), templo cuya atmósfera se describe detenidamente en el capítulo XIII de *Niebla*, donde Augusto tropieza con el trágico Avito Carrascal, era en sus primeros años la sede de la parroquia más acomodada de la ciudad, templo oficial de los gremios de más prestigio, los comerciantes y los carpinteros (Santos Torroella 17-18). Es de notar que la fachada norte de la iglesia lleva, como podía ver Unamuno, una imagen policromada del santo titular, San Martín de Tours, que, como santo auxiliar de los pobres, se representa típicamente con su propia figura, otra de su caballo y una tercera del pobre a quien el santo presenta su caballo. Si ésta es, como parece ser, la iglesia de Augusto, ofrece un comentario sumamente irónico sobre el señorito que en el templo rinde culto a los principios de la caridad pero que, en los primeros capítulos de la novela, llama a los pordioseros y a los descapacitados físicos gandules, trata de evitar dar propinas e intenta seducir a su planchadora y a la huérfana pianista desposeída.

Niebla se ubica en una Salamanca muy particular cuando la tasa de crecimiento demográfico sube por encima de la de la mitad de las ciudades españolas (Esteban 19). Entre los comienzos de la Restauración y 1900 la población de la villa aumenta en un 43%, muy por encima del 12,2% que había experimentado la provincia del mismo nombre (25). Las profesiones registradas en el Padrón de 1900 todavía revelan un predominio de los oficios eclesiásticos, de los trabajos artesanales y de los agricultores y ganaderos además de la marcada presencia de mendigos, prostitutas y cesantes que habían ocasionado la creciente inestabilidad laboral y las dislocaciones del turno pacífico (37-38). Pero también registra el mismo Padrón una presencia industrial, comercial y bancaria de un 6,4% y un componente de altos funcionarios y profesores que alcanza el 8,2% (39). El 24,2% de la población tiene empleo, y esta impresionante cifra no incluye el servicio doméstico que desempeña un papel tan visible en *Niebla*. Las 6.657 personas activas de la ciudad proporcionan empleo a los 1.813 individuos destinados al servicio doméstico (59). Se trata de una estadística asombrosa que nos permite ver que hay una persona del servicio doméstico por cada tres empleados en profesiones de otra índole.

El Padrón de 1921 revela una progresiva transformación económica de la ciudad, y se puede suponer que *Niebla*, escrita aproximadamente entre 1907 (o antes) y 1914, refleja una etapa intermedia dentro de esta transformación. En 1921 el número de mendigos sigue igual, pero su porcentaje en la ciudad es mucho más bajo. El clero ha disminuido un diez porciento. Al mismo tiempo, el componente bancario, comercial, empresarial y profesional casi se ha dúplicado numéricamente (si no en porcentajes de población [60-62]). Los cesantes se han reducido a un porcentaje mínimo.

En el Padrón de 1900, la población salmantina se distribuía por igual entre los varios distritos de la ciudad (34-35), pero el Padrón de 1921 revela que tres distritos, uno de ellos el de la Alamedilla (13,5%) albergan más del 30% de la población total. Los recintos de la Alamedilla son, en efecto, los más poblados de la ciudad (59), y la mayor parte de los residentes, más del 60%, son obreros

(64). En este barrio obrero, en la Plaza de los Mínimos, se instala la familia Unamuno en 1893 (Sena 35). En 1895 la Federación Ferroviaria, conectada con la UGT y con sede en el barrio, le animará a Unamuno, afamado socialista por sus actividades en Bilbao, a presentarse como candidadto a concejal (38). Esta es la clase de barrio donde vive Eugenia. Por el contrario, la gente bancaria como Víctor vive y trabaja en los distritos centrales, los del casino, de la iglesia de San Martín y de los automóviles.

Como explica Kent, y como sustentan las estadísticas mencionadas, debido a factores económicos, los idílicos tiempos de la Alamedilla y sus entornos no duraron mucho. Ya para los años veinte se habían convertido en "lugar de moda a reliquia abandonada, llena de árboles rotos y arbustos mutilados" (*La Plaza Mayor* 48). Hoy en día el parque está primorosamente restaurado, pero el vecindario, con casas y comercios de reciente contrucción, no sobrepasa lo que se espera encontrar al lado de cualquier vía férrea o zona de escuelas. Cuesta poco suponer que, cuando Unamuno componía *Niebla* entre 1907 (o antes) y 1914, la declinación del barrio ya había comenzado. Con semejante escena de fondo, es fácil imaginar al padre de Eugenia, reducido a vivir en este vecindario desmejorado cerca de los tíos Fermín y Ermelinda, acosado de problemas económicos y jugando a la Bolsa con sus menguados capitales en un intento de restaurar la fortuna familiar. El hecho de que en la avenida de la Alamedilla de hoy, el número más alto (el 12) no llegue a la quinta parte del número de Eugenia (el 58) sugiere las cucas maniobras de Víctor, quien, al componer la *nivola* que incluye la saga de Eugenia, hace todo lo posible por borrar las pistas de su propia conexión con el suicidio del padre de Eugenia. Su invención de una ciudad medio fantástica es sintomática de su plan de falsificar ciertas partes de su historia en un intento para eximirse de culpa con respecto al suicidio del señor Domingo.

Víctor, como Augusto, vivirá de rentas y especulaciones. Lo único que sabemos del supuesto agente de Bolsa es que, fuera de las horas que pasa con el nuevo hijo o en admiración de la madre tardía en que se ha convertido su mujer, usa el ocio para frecuentar el casino, jugar al ajedrez, leer poesía, filosofar y escribir novelas. Hasta el advenimiento del hijo y la consecuente revivificación de su matrimonio, Víctor había estado sumido en una relación conyugal caracterizada por un desliz sin fruto, por libre acceso al coito sin riesgos de embarazo y, finalmente, por el aburrimiento de la cotidianidad y la rutina. La *nivola* en que Víctor confecciona una nueva versión de todo esto recuenta, muy de paso, las pérdidas bursátiles del padre de Eugenia, el consecuente suicidio de aquél y la hipoteca que tiene que desgravar su hija para pagar las especulaciones del padre. Cuando Augusto, en el capítulo III, deja caer el detalle de que Víctor es agente de Bolsa, el lector de aquí en adelante tiene la clave para deconstruir la actitud despreocupada con que el narrador, inventado por Víctor, describe la tragedia de la familia Domingo y, a su vez, para sustituirla por el verdadero horror al cual habrá contribuido la complicidad del agente de Bolsa. Siguiendo con la concatenación de causas y efectos, no sólo es Víctor cómplice en la bancarrota y el suicidio del padre de Eugenia, sino también indirectamente responsable de la situación de la hija, de su jugueteo y cuquería con Augusto, de la seducción compensatoria que éste intenta con la planchadora Rosario y, finalmente, del posible suicidio de Augusto, acto que no se habría producido sin las fantasías edípico/eróticas posibilitadas por el "no" contundente que una Eugenia empobrecida, animada tanto por la interesada tía como por el vago Mauricio, no se atreve a darle al desafortunado rico.

Pero, como todos saben, tanto en el Post-Prólogo como en los capítulos finales, entra "Unamuno" para participar en una discusión en que se afirma que las palabras de Víctor que constituyen toda la narrativa no se originaron en Víctor sino en el "autor" de éste, un ente que puede interpretarse, entre infinitas posibilidades, como "Unamuno," como un Augusto progresivamente autónomo que se impone a las conciencias de Víctor, de "Unamuno" y del lector y —lógicamente— como el lector mismo. "Unamuno" aquí mete la pata confiando en que Augusto se someterá a la voluntad de aquél, pero Augusto invierte los papeles, demostrando que el desarrollo interior del personaje inevitablemente marginaliza al autor. "Unamuno" en el plano existencial, como Lazarillo o don Quijote a nivel de verdaderos actuantes, ha tomado unos riesgos muy serios y ha salido paleado. Lo mismo ocurre con Víctor cuando narra en su *nivola* una versión mutilada de la historia del padre de Eugenia, olvidando que ya le ha dado al lector la clave para deducir la culpabilidad que le corresponde al consejero del accionista. Pero el lector ha tomado más riesgos que nadie al presumir que puede solucionar los múltiples enigmas de diégesis presentes en *Niebla*, todos los cuales —como han sugerido R. Gullón, Stevens y Ouimette ("Introducción" 14-16; *Reason* 181-82)— no admiten una solución global. Sin embargo, el obstinado lector sigue buscando una manera de ordenar el mundo de *Niebla*, y los sufridos personajes intentan mantener la fe en un mecanismo social que les garantice un mínimo de bienestar y alegría. El mismo "Unamuno," en su Post-Prólogo y en los muchos paratextos publicados a lo largo de los próximos veinte años, había tratado de confirmar, sin éxito, la primacía del autor en la arriesgada competición con Augusto y con Dios que se había iniciado en las páginas de *Niebla*. Es más, en el mundo inclausurable que el lector se imagina más allá de todo paratexto, la eterna Eugenia seguirá confiando en un cosmos en que el holgazán con quien quiere contraer nupcias y tener familia se convierta en un esposo y padre responsables como Víctor, y Rosario probará una vez más la táctica de trocar su cariño por un estatus social de respetabilidad, mientras que el Augusto vuelto a la vida en los interminables paratextos escritos por "Unamuno" o por el lector se va a arriesgar a adelantarle la palabra a otra mujer joven con la vaga esperanza de que el mundo caleidoscópico le devuelva a la madre desaparecida.

Si Víctor es agente de Bolsa y está metido en la ruina financiera de la familia de Eugenia, está también implicado como el energúmeno que aborta *ab initio* nuestros intentos de solucionar los enigmas de su *nivola*, la cual no es más que un simulacro de los mecanismos de la vida. Pero, como el agente de Bolsa que es, Víctor termina por sugerir que la única manera de triunfar en este juego narratológico sin aparente salida es seguir especulando, experimentando e invirtiendo nuestra energía en entender y aumentar las posibilidades del sistema discursivo, ya que fuera del sistema, o del caos de los sistemas, sólo existe para el verdadero ser pensante un inaceptable vacío.

VII
Posibilidades y límites de una interpretación polifónico-autorreflexiva de *Niebla*

SON TANTOS LOS ESQUEMAS ofrecidos para explicar *Niebla* que tomar en cuenta sólo los principales es someterse a una parálisis intelectual. Aunque pocos de ellos son rigurosamente formales y la mayoría tienen una extensión poco adecuada para tratar un texto tan complicado como el de Unamuno, no obstante siguen apareciendo. Ofrecen conclusiones distintas, aunque casi todos ellos se basan en las mismas consideraciones: la relación entre Prólogo y Post-Prólogo y entre éstos y el resto de la narrativa; la relación entre *Niebla* y la "nivola" de Víctor y la teoría literaria expuesta por éste; la indentidad del "autor" que introduce una nota enigmática sobre sus "*nivolescos* personajes" en el capítulo XXV; la transformación aparente de Augusto en autor y de "Unamuno" en personaje vía la famosa entrevista del capítulo XXI; la función de las historias intercaladas.

En esta "niebla" de repeticiones y discrepancias irrumpió hace pocos años el estudio a veces altamente original de Anne Marie

Øveraas, *Nivola contra novela* (1993), que propone tanto una nueva división entre las partes de *Niebla* como una nueva interpretación de las historias intercaladas. La nueva visión de Øveraas es fruto de su aplicación de la obra de dos consagrados teóricos literarios, Genette y Bajtin, legajo principal de partes de dos estudios anteriores de la obra unamuniana: *Las novelas de Unamuno: Estudio formal y crítico* (1986) de Isabel Criado Miguel, y *Unamuno y el pensamiento dialógico: M. de Unamuno y M. Bajtin* (1991) de Iris Zavala. En el presente capítulo voy a comentar la impresionante obra de Øveraas como ejemplo de una clase de lectura *puramente* autorreflexiva y dialógica (Criado, Zavala, Øveraas), y, por añadidura, semiológica y ontológicamente optimista—muy popular hoy en día—que evita casi toda consideración de elementos miméticos no susceptibles al encarcelamiento dentro del círculo hermenéutico. La antípoda de esta tendencia son otros estudios recientes (Spires, Olson, Navajas, Palomo, Cerezo) que relacionan su perspectiva narratológica, espacial o filosófica con la trama, la caracterización y la presentación de ideas visibles en el diálogo, en la diégesis y en las consideraciones temporales de la novela. Es decir, el capítulo actual parte de la poca extraordinaria convicción de que *Niebla* presenta la confirmación de que tanto la historia como su manera de contarla han de tomarse en cuenta para "leer" el texto integral de la novela.

La idea fundamental de Øveraas, refinamiento de una sugerencia hecha por Parker hace más de treinta años (Parker 118), es que el lector/intérprete de *Niebla* necesita distinguir entre *la parte de Augusto* (capítulos I-XXX), en la que Augusto es claramente el protagonista, y *la parte de "Unamuno"* (capítulos XXXI-XXXIII), en la que "Unamuno" desempeña este papel (Øveraas 19). Según Øveraas, una lectura repetida de *Niebla* demuestra que, aunque "Unamuno" no parece estar presente en la parte de Augusto, su voz, sólo parcialmente oculta, está tan manifiesta allí como en la parte de "Unamuno." En otras palabras, "Unamuno," desde el primer momento de la narración, está siempre presente como autor de Augusto. Aunque los últimos tres capítulos, en donde Augusto intenta hacerse con el control, parecen dar la impresión de que "Unamuno" es solamente un personaje co-partícipe en la historia de Augusto, este papel limitado es una ilusión. La razón principal por la cual el lector no se da cuenta de esta ilusión es la cantidad de diálogo (*mímesis*) en la primera parte de la obra, procedimiento que en largas secciones del texto le resta importancia al papel de "Unamuno" (22). Otro factor es la aparente *linealidad* de la intervención de Augusto, que lleva al lector a identificarse con Augusto y a acentuar las crisis de su historia (24). Todo esto cambia en los capítulos XXV y XXXI, donde la voz narrativa de los dos prólogos y los capítulos anteriores se identifica progresivamente con la de "Unamuno." En efecto, la nota al lector del capítulo XXV tiene el efecto de convertirle a éste en "cómplice" al establecer la primacía narratológica del "autor" (23). Esta primacía se confirma y se concretiza durante la famosa disputa entre Augusto y "Unamuno," donde éste se convierte en personaje autodiegético de su propia narrativa, recurso que subraya la nota autorreflexiva y la transforma, según Øveraas, en el eje principal de la novela. La parte de "Unamuno" de esta forma se convierte en la sección más importante de *Niebla*; los acontecimientos que gozaron de cierto privilegio en la linealidad del papel de Augusto, se pierden cuando se descubre que tal linealidad es de hecho ilusoria en una novela que es toda ella, para usar una vez más la expresión de Øveraas, de "Unamuno."

Según Øveraas, la destrucción de esta linealidad se lleva a cabo definitivamente en la parte de "Unamuno," por ejemplo, cuando la conversación entre Augusto y "Unamuno" revela el "destino" de aquél, no como una prefiguración del destino del personaje en una trama, sino como una discusión sobre "la relación entre autor y personaje de ficción" (41). Con la destrucción de esta linealidad, el lector vuelve a leer los primeros treinta capítulos y, según Øveraas, descubre que no hay verdadera evolución psicológica de Augusto. Los problemas existenciales en realidad no le conciernen al "panoli." Debido a sus absurdos razonamientos filosóficos circulares, Augusto no es agonista sino cómico (45-50). La intertextualidad con *Don Quijote* y otros textos cómico-paródicos sirve para reforzar la sustitución del argumento por un énfasis en los elementos autorreflexivos (55). La trama de la novela de Augusto, novela sobre la psicología del matrimonio narrada por una voz omnisciente y clínicamente despersonalizada, se manifiesta como una parodia de los recursos realistas (57), parodia en que el orden de los acontecimientos carece de importancia (60-75). Las referencias al tiempo desaparecen, los diálogos y monólogos se repiten, aparecen grandes lagunas en la trama. Aun las historias intercaladas no van a ninguna parte: a veces se contradicen y casi siempre representan meras repeticiones, inversiones, y parodias de la historia de Augusto sin claro planteamiento de otro norte (78-79). Por esta duplicación interior, este diálogo de una "Niebla" microcósmica con una *Niebla* macrocósmica, la novela entra en relación intertextual consigo misma, confirmando y destruyendo las normas y convenciones de las cuales había dependido la ficción de su época. De toda esta destrucción de normas es imposible extraer un "mensaje" inequívoco a menos que sea el de los múltiples mecanismos y posibilidades de la ficción confirmadas posteriormente en la parte de "Unamuno." *Niebla*, desde luego, "pertenece a la categoría de las novelas que Bajtin denomina *polifónicas*" (84), y subrayar la prioridad de la parte de "Unamuno" equivale a "subrayar la modernidad—o, mejor, la posmodernidad—de *Niebla*: es esta *parte de 'Unamuno'* la que ante todo nos da la impresión de 'process made visible'" (79). Así concluye la tesis de Øveraas, la más reciente y, junto con las de Criado y Olson, una de las más completas y más admirables sobre la estructura de *Niebla*.

Se habrá notado, sin embargo, que dicha tesis rechaza casi todo concepto temático, sea éste social, psicológico o filosófico. Las únicas excepciones son la discusión de Augusto como antagonista y el intento de relacionar los cuentos intercalados con la historia de este personaje. Y sin embargo, limitándonos a la *parte de Augusto*, tan secundaria para críticos como Øveraas, estos enfoques temáticos abundan en la primera parte del texto y en la crítica escrita sobre esta sección de la novela. La obra se ha visto como novela metafísica u ontológica (Marías 102, Olson, *Unamuno* 87-88). Se ha presentado como una exploración del problema de la personalidad (Marías 99-100; Olson, *Unamuno* 41-67; Jurkevich, *The Elusive* 41-67), con tanto acierto que Zubizarreta ha tenido que insistir en ello en contra de la intolerancia de ciertos abogados de la metaficcionalidad: "hemos rehusado... creer que Augusto sea un grotesco e inverosímil personaje sólo encargado de representar en *Niebla* el ente ficticio sujeto a estudio en una novela" (51). No es sorprendente ver en la obra una variación genial del *Bildungsroman* (Olson, *Unamuno* 20). A pesar de lo que Øveraas acertadamente dice de la parodia del realismo, hay un fuerte elemento de exposición económico-social (Franz, "The Discourse" 521-35). Øveraas misma recalca la importancia del paradigma de la historia de amor folletinesca, comentada por otros (Criado 31, 66-80; Franz, "The Discourse" 522), y es interesante notar que, a diferencia de Øveraas, Criado no ve una fuerte "parodia" del amor en la novela hasta la intensificación máxima del elemento metaficticio en la parte de "Unamuno." Otros han subrayado la elaboración del antiguo enfoque cervantino/galdosiano de la fantasía/ficción frente a la realidad (Marías 97, Stevens y R. Gullón 23-27, Ouimette 176-82). Y, para poner fin a este recital de enfoques responsables y con vida independiente de las aportaciones metaficticias, está el enfoque bajtiniano de la indeterminación, el juego y la dialogía (Nozick 147, Palomo 463, la misma Øveraas 55-84—quien la relaciona admirablemente con la autorreferencialidad—y, sobre todo, de manera extraordinaria, Zavala (75-87, 103). Todo esto, repito, está presente en la parte de Augusto. ¿Con qué derecho podemos hacer caso omiso de este contenido mimético—admitido por algunos de estos críticos casi a regañadientes—al buscar las significaciones textualmente más justificables y más globales del texto elusivo de *Niebla*?

El mismo problema de inclusiones y exclusiones afecta a cualquier consideración de las historias intercaladas. En efecto, debido a factores de diégesis, extensión e intertextualidad, no hay acuerdo alguno entre los críticos sobre el número o la identidad de estas historias. El número varía entre cuatro y seis. Como no se ha precisado, no puede sorprendernos la falta de acuerdo sobre el papel de estas historias en el conjunto de la novela. Marías titubea, llamándolas primero "verdaderos relatos autónomos, en que crea Unamuno mínimos mundos... de grotesca trivialidad" (98), pero después dictamina una inclusión concebida por Unamuno para subrayar lo polisémico e indeterminado de todos los elementos discursivos y estructurales de la obra. Leyendo dentro de la tradición retórica, Stevens ve las historias como "ejemplos" que sirven para aclarar los problemas inherentes a las tentativas por parte de Augusto de alcanzar la autenticidad humana en sus encuentros con el amor ("Las novelitas" 1; también en "Introducción" 28-31). Palomo, que identifica sólo cuatro historias, cree que representan perspectivas diferentes de la paternidad (467). Siguiendo esta línea, pero diagnosticando un mayor número de interpolaciones, Olson cree que los cuentos representan contrastes entre el amor auténtico e inauténtico y que su efecto es el de rastrear la evolución incompleta de Augusto hacia el amor verdadero ("Sobre las estructuras" 427; también en *Unamuno, "Niebla"* 68-75). Ofreciendo el enfoque más rigurosamente narratológico y tomando en cuenta el elemento lúdico comentado por otros, Jurkevich opina que hay que contextualizar las interpolaciones teniendo en cuenta el espíritu de burlas, juegos y trampas que domina no sólo en los textos de Augusto sino en los de los demás entes ficticios de la obra y hasta en la vida real de los seres humanos (12-13). Øveraas concuerda con Jurkevich en la necesidad de excluir la historia de Paparrigópulos admitida por Stevens y apoya las intuiciones de Marías en relación al concepto bajtiniano de la dialogía. En efecto, para Øveraas, la disparidad entre la temática, extensión y aparente moraleja de las historias individuales y su irónica inaplicabilidad a la historia—para Øveraas y para Zavala, engañosamente—"central" de Augusto sólo pone de manifiesto lo inclausurable e indeterminado de todo lo que acontece en *Niebla* (79-85). De todas las explicaciones de las historias intercaladas será ésta la de más consonancia con las ideas corrientes sobre el funcionamiento polifónico de un texto, ya que logra abrazar el retoricismo cervantino predicado por Stevens acudiendo a la noción verosímil de que Unamuno tenía intención de construir una *parodia* de las novelitas del *Quijote*. Pero a pesar de esta lógica incontrovertible, los privilegios que otorga Øveraas a la importancia de las historias intercaladas en la producción de un texto polifónico y metaliterario están en disparidad con su teoría de que la supuesta *parte de "Unamuno,"* la parte más claramente autorreflexiva, tiene más peso que la *parte de Augusto*.

Cuando Øveraas, haciendo eco inequívoco de las insinuaciones hechas por numerosos críticos durante los últimos quince años, afirma que los capítulos XXXI-XXXIII tienen más importancia que los capítulos I-XXX, está sugiriendo que el final donde entra "Unamuno," con su gran concentración de elementos autorreflexivos, es más importante que la primera parte, con su voz "unamuniana" menos descubierta. Esta aseveración va más allá de la de Parker, quien dice que todas las líneas de la primera parte convergen en la segunda (116); sugiere, en efecto, que la primera parte se supedita a la segunda. Pero las historias interpoladas, a las que Øveraas ha concedido tanta importancia en el diagnóstico de una novela polifónica/metaficticia, no se encuentran en la parte de "Unamuno" sino en la de Augusto. Dos de los críticos que más atención han dedicado a la estructuración de la novela, Olson y Palomo, afirman que las historias ocupan un espacio central; es decir, un espacio en los últimos dos tercios de la parte de Augusto (Olson, *Unamuno, "Niebla"* 68; Palomo 465-69). En base a estos detalles espaciales, Palomo puede afirmar que los capítulos anteriores (parte de Augusto) y posteriores (parte de "Unamuno") constituyen "dos alas laterales" que ilustran el funcionamiento de las teorías sobre la *nivola* propuestas por Víctor Goti en el capítulo XVII, que ocupa el lugar central de los 33 capítulos no paratextuales de la novela (465-69). En otras palabras, según Palomo, la parte de Augusto y la parte de "Unamuno" son de igual importancia. Las dos "alas" de la novela, con sus múltiples argumentos de crisis en las "vidas" de Augusto, "Unamuno" y otros personajes, tienen tanto peso como el enfoque autorreflexivo que se confirma analépticamente al final.

Según el libro de Michael Roemer, *Telling Stories: Postmodernism and the Invalidation of Traditional Narration* (1995), en la historia tradicional, y aún en la mayor parte de las novelas recientes, la *fábula* se privilegia a expensas del *sujet*. En el mito y en sus variantes, la historia primordial impera mucho más que cualquier novedad estructural que un autor le pueda imprimir. En las palabras inmejorables de Lévi-Strauss, "les mythes se pensent dans les hommes, et a leur insu" (Leach 50). En años recientes, el énfasis crítico sobre la "inventividad" del autor ha intentado convencernos de que lo verdaderamente importante no es la *fábula* sino lo que el autor hace con ella *(sujet)*. Según este modo de pensar, la significación de una narrativa depende de la habilidad del lector de descubrir los mensajes ocultos—a veces contradictorios—creados por la discrepancia entre lo que se espera encontrar y lo que al fin se encuentra. Pero a pesar de esta tentativa de subvertir la *fábula*, ésta, como demuestra Roemer, impone su prioridad debido a poderosas razones rituales y psíquicas:

> Creemos ver diferencias entre el mito, en el cual el destino y los dioses determinan el resultado, y las narrativas de hoy, en las que los individuos parecen dar forma a su propia vida. Pero toda narrativa está acabada antes de empezar. (3; traducción mía)

Criado (66-67) y Øveraas (24-25, 45-50) intentan demostrar que la línea argumental que se aprecia en la parte de Augusto es ilusoria, ya que Augusto no progresa ni psicológica ni filosóficamente. Esto no es correcto, como ha demostrado Navajas (58). Aunque Augusto no logra del todo entender los móviles de Eugenia y Rosario, y a despecho de no comprender que a "Unamuno" no le queda más remedio que insistir en sus derechos de autor, el supuesto "panoli" sí cambia. Las dudas constantes sobre su propia existencia no son mera "parodia de la concepción racionalista del mundo" (Øveraas 49). Igual que la *fábula* tiene prioridad sobre el *sujet*, lo que se parodia tiene primacía sobre el enfoque paródico. Y lo que *Niebla* parodia no es tanto el *"cogito ergo sum* cartesiano" (49) sino el intento primordial (y sumamente infructífero) de extender la propia existencia hasta la eternidad y de distinguirla claramente de su opuesto, la inexistencia, esto en vista de la inevitabilidad de la muerte y la fluctuación humana entre estados de conciencia e inconciencia, dolor y paz, unidad y dispersión. Augusto sí tiene sus muchas dimensiones cómicas, y *Niebla* es una novela con personajes (Víctor, Augusto y "Unamuno") que discurren ampliamente sobre la utilidad de la risa (Franz, "El sentido" 5-25). Pero tanto el enfrentamiento entre Augusto y "Unamuno" en el capítulo XXI como la conversación entre Víctor y Augusto sobre la *nivola* en el capítulo XVII, además de los dos prólogos paratextuales (posiblemente el verdadero entronque entre la *parte de Augusto* y la *parte de Unamuno*) demuestran que "Unamuno" y Augusto toman clara conciencia de co-protagonizar, con el lector, una novela de dimensiones múltiples: la ontológica, la psicológica, la folletinesca, la lúdica, la social, la dialógica y la autorreflexiva. Lo que ambos personajes y el lector llegan a comprender, siendo personajes en la *nivola* del enigmático Víctor Goti, es que la tentativa de la auto y la mutua integración y eternización constituye un juego poéticamente prometedor pero intelectualmente insostenible. Cuando en el capítulo XXXI Augusto le señala a "Unamuno" que los dos apenas son sueños destinados a acabar, éste no tiene más remedio que callar y llorar, como queda claro al final del capítulo. Como dijo el verdadero Unamuno en el último soneto de su *Cancionero*: "¿Vivir el sueño no es matar la vida? / ¿A qué poner en ello tanto empeño...?" (*Poesía Completa* 757). Parafraseando a Roemer, las múltiples historias de amor imposible, de búsqueda ontológica y metafísica, de aventura lúdica, de integración social y de autorreflexividad se habían acabado aun antes de comenzar, por la sencilla razón de que nadie jamás ha logrado engraciarse con la vida concibiéndola con cualquier combinación polifónica de estos géneros.

A Augusto no le satisface yacer en la inexistencia de los reflejos ilusorios creados por las ficciones de Víctor y "Unamuno":

> —Es que yo quiero vivir, don Miguel, quiero vivir, quiero vivir..
> —... No quiere usted dejarme ser yo, salir de la niebla, vivir, vivir, vivir, verme, oírme, tocarme, sentirme, dolerme, serme. (153; cap. XXXI)

Tampoco le satisface al lector la conclusión de que *Niebla* no tenga mensaje fuera de su indeterminación y dialogía interminables, cuando este mensaje se presenta desconectado de sus dimensiones miméticas. Y no le satisface tampoco cualquier incertidumbre respecto a la inmortalidad añorada por Augusto y, según éste, por "Unamuno" y por el lector. El personaje "Unamuno" no se contenta con las ideas de Augusto respecto a la posibilidad de que un personaje y sus lectores puedan concederle al autor una vida eterna. Como dice al respecto Marías:

> Sería difícil no adivinar aquí una resonancia de la metafísica de Spinoza, que tanto *inquietó* a Unamuno... Spinoza, que recoge la idea cartesiana de sustancia como aquello que no necesita otra cosa para existir, como lo independiente.... (Marías 102; subrayado mío)

Una comprobación de la inmortalidad (la verdadera existencia a la que alude la novela) basada en el mutuo reflejo eternizante de personaje, autor y lector, o de Dios y criatura, o de realidad y ficción no puede convencer por depender de una oposición arbitrariamente construida sólo para efectuar el añorado resultado. El Unamuno histórico sabía esto, sabía que, en una novela moderna, que, "en lugar de transmitir interpretaciones arcaicas..., trata de escrutar la vida misma en busca de un sentido arcano, e invita al lector... a participar en este escrutinio" —como ha dicho Francisco Ayala (333)— es imposible proponer soluciones sistemáticas. La búsqueda de soluciones sistemáticas es una tendencia humana, pero que tiene que ser rechazada, como claramente se ve en *Del sentimiento trágico de la vida* (1912).

La *insatisfacción* y *frustración* implícitas en la imposibilidad de atar los cabos sueltos a nivel ontológico, diegético, discursivo y estructural de *Niebla* parecen ser un verdadero "mensaje" subyacente. No es sólo que le falte "eje central" o que destaque una "inefable pluralidad," como afirma Zavala (87), o que "ninguna frase o episodio pueda ser interpretado como el 'mensaje' de *Niebla*" (84), como concluye Øveraas en su epifanía de infinitas posibilidades, sino también que esta incapacidad de la obra de rendir sistemas de significaciones estables reproduce *miméticamente* el fracaso del ser humano en su intento de ensamblar una filosofía o imagen poética que le conceda una ilusión segura de su propia felicidad y razón de ser.

VIII
El *Pygmalion* de Shaw y los motivos y fechas de *Niebla*

EL PROCESO Y FECHAS de la composición de *Niebla* (1914) quedan tan nebulosos como su título. Es la única novela unamuniana para la cual no existen prólogos, artículos o cartas que pudieran sugerir claramente cuándo y bajo qué condiciones Unamuno comenzó a escribirla y con qué rapidez o lentitud la compuso. Valdés afirma que la primera página—página ahora desaparecida (Zubizarreta 69)—del manuscrito que se había conservado en la Casa-Museo Unamuno llevaba una fecha de agosto 1907 en la letra del mismo escritor (Valdés, "Introducción" 47). Esta es una aseveración repetida en las ediciones posteriores a cargo de G. Gullón (10) y Zubizarreta (69), aunque éstos no pudieran haber visto la página errante, ya que muchos estudiosos han lamentado su pérdida a lo largo de varias décadas. Este manuscrito que numerosos investigadores han manejado antes y después de la imposición de nuevos medios de seguridad en la Casa-Museo y que evidencia pocas tachaduras por parte de Unamuno, es sin duda no el original sino un "segundo borrador" (G. Gullón 10). Con la excepción de dos enmiendas, una de veintitrés líneas en el capítulo XII y sobre todo una interpolación muy sustancial en el capítulo XXXI, donde se produce la famosa conversación entre Augusto Pérez y "Unamuno," este borrador ofrece un texto casi idéntico al que por fin se publicara (Valdés, "Introducción" 47, G. Gullón 10, Zubizarreta 69). En apoyo de un período de composición muy anterior a la fecha de su publicación, tanto el texto como la crítica suministran datos a primera vista convincentes: (1) Hay numerosas semejanzas de temática, estructura y caracterización entre *Niebla* y *Amor y pedagogía* (1902; Ribbans 83-107). (2) El personaje Avito Carrascal de *Amor y pedagogía* aparece en el capítulo XIII de *Niebla*, da un resumen del argumento de la novela anterior y opina, de manera altamente metaficticia, que la historia de Augusto es semejante a la suya. (3) Existe en la Casa-Museo Unamuno un escrito fragmentario en el cual Unamuno afirma haber vuelto a localizar un olvidado manuscrito semejante al de *Niebla* mientras trabajaba en *Historia de amor*, título que evoca asociaciones con *Amor y pedagogía* (Valdés, "Introducción" 49-50). (4) Ya en 1900 y 1901 Unamuno hablaba en su correspondencia de trabajar en una novela que tendría las mismas preocupaciones filosófico-literarias que se evidencian en *Niebla* (Valdés, "Introducción" 50-54).

En contra de la mayoría de estas evidencias se puede argumentar con igual lógica que: (1) Hay muchas semejanzas de tema, estructura, caracterización y onomástica entre todas las obras de Unamuno. (2) Ya que la referencia a Augusto Pérez en la edición definitiva de *San Manuel Bueno, mártir* (1933) no permite concluir que la última gran narrativa de Unamuno se escribiera décadas antes de su publicación, tampoco puede insistirse en que *Niebla* sea una continuación de la inspiración que produjo *Amor y pedagogía* sólo porque aparece en aquella obra un personaje de ésta. (3) No se puede afirmar que *Historia de amor* aluda más a *Amor y pedagogía* que a la misma *Niebla*, a la novela corta *Una historia de amor* (1911) o al *Tratado del amor de Dios* (título original de *Del sentimiento trágico de la vida* [1912]) que tiene tantos paralelos filosóficos e incluso novelescos con la novela de 1914. (4) Sin ir más lejos que el propio texto y variantes de la primera novela escrita por Unamuno, *Nuevo mundo* (1895-1897), se puede encontrar muchos claros antecedentes del intento de Augusto Pérez de sobrevivir por medio de un texto, del encuentro entre Augusto y Avito Carrascal en la iglesia de San Martín, del anarquismo místico del tío Fermín y, finalmente, de los intentos de Augusto de seducir a Rosario (*Nuevo mundo* 50, 55, 63, 98). La composición de *Niebla* así podría remontarse tanto a la composición del sólo póstumamente publicado *Nuevo mundo* como al período de *Amor y pedagogía*. (5) Las discusiones en la correspondencia de 1900-1901 de una misteriosa novela que Unamuno tenía en marcha sobre preocupaciones metafilosóficas y metaliterarias corresponden con igual fidelidad tanto a *Amor y pedagogía* como a *Niebla*. (6) Nadie ha producido una fotocopia de la extraviada y, en estos días, casi apócrifa primera página que llevara la fecha 1907. En vista de este saldo inconcluso, cualquier evidencia a favor de una o más etapas composicionales más cerca de la fecha de publicación ha de considerarse importante.

Hasta la fecha y dentro de la crítica dedicada a Unamuno no se ha notado el motivo Pigmalión que se encuentra en las caracterizaciones e intriga de *Niebla*. Hay muchas variantes antiguas y modernas de este mito pero sin duda la más difundida es la de Ovidio en el libro X de sus *Metamorfosis,* variante muy breve que, por razones profesionales, sería conocidísima por un clasicista de la talla de Unamuno. He aquí la historia. Pigmalión, escultor cipriota con antipatía hacia las mujeres, resuelve no casarse. A pesar de esta antipatía, el soltero se dedica durante años a esculpir la estatua de la mujer perfecta para demostrar a los otros mortales las deficiencias de la mujer real. Día tras día su escultura va tomando las dimensiones de una belleza perfecta. Al terminar su obra se ha enamorado locamente de la mujer ideal encarnada en la piedra cincelada. Tan logrado es su arte que, fuera del frío y dureza marmóreos, no difiere en nada de una mujer verdadera. Tan perfecta es la ilusión de vida que Pigmalión ha creado que el escultor es capaz de pasar todo el día declarándole su amor e intentando besarla. Al llegar el solsticio con su culto a Venus, Pigmalión pide a la diosa que le conceda una mujer semejante a su estatua. Al volver a ésta descubre que da señales de haberse humanizado. Pigmalión logra casarse con la creación de su fantasía pero de este momento en adelante la fría esencia confeccionada por y para él solo deja de corresponder a su afecto. Los paralelos entre este relato y la metamorfosis mental que el infeliz Augusto Pérez intenta obrar sobre la friísima y calculadora Eugenia Domingo del Arco en *Niebla* son obvios. Crea Augusto una imagen personal de Eugenia que en nada se corresponde con la mujer verdadera, a tal extremo que, cuando se cruza con ella por la calle, no la reconoce. Trata de enamorarla y durante varios días goza de la ilusión de haber recibido su consentimiento. Pero, unos días antes de la boda anticipada, Eugenia, en compañía de su antiguo novio, le abandona en el momento preciso cuando los deseos del pobre "artista" han alcanzado su cumbre. El uso del arte para edificar las realidades afectivas o (particularmente en *Niebla*) religiosas que el ser humano añora puede, desde luego, terminar en una tragedia grotesca.

Aunque la amenísima historia de Ovidio será la variante más difundida del mito durante la primera década del siglo, este honor se concede a la versión de George Bernard Shaw durante la segunda década. El drama *Pygmalion* del premio Nobel irlandés se había compuesto en 1912. Ya en aquel año apareció una impresión del borrador del drama seguida de una traducción alemana de la obra completa en 1913; en 1914 se publicó lo que iba a ser hasta 1941 la versión "definitiva" en inglés (Introducción anónima a *Pygmalion* 655; NUC 228-29). La intriga que plantea Shaw es esencialmente la de Ovidio (con cierto número de cambios atribuidos a la influencia de la novela *Peregrine Pickle* de Tobias Smollett [Huggett 20-21]), pero con una gran serie de detalles y complicaciones únicos que la señalan como un posible antecedente de la *nivola* de Unamuno. La pieza de Shaw en esencia representa el intento por parte del ficticio lingüista inglés, Henry Higgins, de convertir a una mujer callejera, Eliza ("Liza") Doolittle en duquesa para poder ganar aquél una apuesta sobre la importancia del lenguaje en la percepción pública de la clase social. Por medio de la transformación lingüística e indumentaria de Liza, Higgins logra engañar al público más distinguido. Entre tanto se ha enamorado de Liza, pero ésta, a pesar de sus simpatías, termina por abandonarle por su otro novio, Freddy, negándose a ser el títere de los caprichos metadramáticos de Higgins. El uso aquí del concepto de metateatro, semejante al frecuente empleo de la palabra metanovela para caracterizar la *nivola* de Unamuno, no es arbitrario, ya que el *Pygmalion* de Shaw se caracteriza por largos pasajes ensayísticos esparcidos entre los diálogos, en los cuales un "Shaw" ficticio intenta teorizar sobre los motivos y efectos teatrales de sus personajes y público implícito (Roll-Hansen 81-90). Este mecanismo recuerda a la aparición de "Unamuno" en el Post-Prólogo y los últimos capítulos de *Niebla* y los intentos por parte de éste de controlar la interpretación que otorga el lector a la existencia del personaje Augusto. Tan parecido es este aspecto del drama de Shaw a la presencia del "autor" en la obra de Unamuno que se tiende a preguntar si la intensificación del motivo metaficticio en la obra del irlandés puede relacionarse con las dos versiones autorreflexivas españolas del mito que se hicieron famosas durante la segunda y tercera décadas del siglo, la de Unamuno y *El señor Pigmalión* (1921) de Jacinto Grau (Standish 330-33, 335-36).

En el prefacio que coloca Shaw a la cabeza de su *Pygmalion*, "Shaw" discute el necesario papel del lingüista en la sociedad inglesa y dice que el patriarca de los lingüistas londinenses, Alexander J. Ellis, todavía andaba con la cabeza tocada de gorro de fieltro (*Bernard Shaw* 659). Se recordará que Fermín, el tío anarquista de Eugenia, la ex-futura esposa de Augusto en la novela de Unamuno, es lingüista autodidacta y lleva fez. En el acto V del drama de Shaw, el profesor Higgins y el padre de Liza Doolittle hablan de un profesor Wannafeller (autosátira proléptica de Shaw) que ya ha invertido toda su fortuna en establecer una lengua universal. De manera parecida, el tío Fermín es un apóstol del empleo universal del esperanto. En el mismo prefacio que se comenta arriba Shaw habla de otro lingüista excéntrico, Henry Sweet, que solía enviar postales escritas en criptogramas (661), lenguaje obscurantista que recuerda la orografía fonetista utilizada por el tío Fermín y no entendida por un narrador que, en capítulos posteriores, se revela como "Unamuno."

El primer acto de *Pygmalion* tiene lugar en el mercado Covent Garden durante una noche lluviosa. La primera acción que se observa es la torpeza del joven Freddy Eynsford-Hill al buscar un taxi sin la inteligencia de abrir el paraguas. Cuando, después de un breve descanso en el portal de una iglesia, Freddy se lanza otra vez a la busca del taxi, las maniobras con el paraguas incontrolable le impulsan a dar violentamente con la empobrecida vendedora de flores, Liza Doolittle, que será la heroína del drama (669-70).

Se recordará que en el inolvidable primer capítulo de *Niebla* Augusto no sólo lleva un paraguas cerrado, cuyos méritos imprácticos (la pura belleza) y valores simbólicos (los de la abstención sexual) consciente e inconscientemente canta, sino que utiliza el paraguas como antena para seguir los pasos sensuales de la "admirable" pero empobrecida pianista Eugenia. El primer acto de *Pygmalion* termina cuando Liza, fortalecida con el dinero que le ha ofrecido por venir a su casa un misterioso señor embozado (en realidad el lingüista Henry Higgins), llega a su domicilio en taxi. La primera cosa visible en el cuarto de la vendedora es la jaula de pájaro que representa cómo es Liza la víctima encarcelada por una jerarquización social basada tanto en el dinero como en la habilidad lingüística (683). La misma clase de victimización y el mismo símbolo se observan en el capítulo VI de *Niebla* cuando el canario enjaulado se cae del balcón de Eugenia a los brazos de Augusto. En las dos obras, los dos solteros ricos, Higgins y Augusto, se encuentran con una oportunidad decretada por el azar de aprovecharse de una joven empobrecida cuya única esperanza es un lío amoroso o matrimonio ventajoso. Es tal vez significativo que también Augusto eventualmente le ofrezca dinero a Eugenia.

Tanto Higgins como Augusto son productos del cariño materno, de cuyo abrazo sofocador intentan sin resultado emanciparse. Hasta el momento de su encuentro con su víctima enjaulada no han pensado en el matrimonio. Higgins dice de sí mismo: "Heme aquí, un tipo inseguro y tímido. Nunca he podido considerarme un adulto o ser único como otros hombres" (705; toda traducción mía). Lo mismo puede decirse de Augusto, quien duda incluso de su propia existencia . Cuando Liza se muda a la casa del profesor Higgins, lleva consigo no sólo la simbólica jaula del pájaro sino también un intrumento musical. Aunque odia la música por tener que ganarse la vida enseñándola, hasta el final de *Niebla* Eugenia no puede alejarse del piano, de conversaciones sobre el piano y de la necesidad de tocarlo para dar contento a Augusto. Higgins obtiene el uso de Liza para sus experimentos lingüísticos pagándole al padre de ésta la suma de cinco libras (710), situación que sigue excusando y protestando Liza por querer conservarse limpia e independiente. Su *panache* y respetabilidad no sólo se mantendrán intactas sino que triunfarán al final. Augusto, como ya dijimos, intenta y al final logra temporalmente comprar a Eugenia desgravando la hipoteca de su casa y también localizando un trabajo para el ex-novio Mauricio. Eugenia hace todo lo posible por convencerse de que, a pesar de estos favores, ha logrado mantener su férrea independencia y, debido a la timidez e ineptitud de Augusto, consigue triunfar. El padre de Liza menosprecia la moral burguesa que él y los suyos tienen que sufrir, actitud duplicada por los sirvientes de Augusto y la planchadora Rosario en la novela de Unamuno. En el acto V de *Pygmalion* Liza en efecto produce dos resúmenes del abuso verbal y físico que ha recibido de otros señoritos y explica cómo una mujer pobre puede avalarse de sus encantos físicos para obtener después una buena remuneración por no divulgar el escándalo (774, 778). Rosario comunicará lo mismo a Augusto en el capítulo XX de *Niebla*. El amigo de Higgins, el coronel Pickering, protesta el pago de cinco libras al padre de Liza, alegando que los pobres siempre gastan mal lo que piden en la calle (712). Liza poco después confirma la sospecha, explicando que su padre va a emborracharse con el dinero que le ha dado Higgins (715). En el capítulo XXII de *Niebla* un mendigo le pide a Augusto una limosna. Aunque el cínico Augusto hace caso omiso de las palabras del pordiosero, le tiende una peseta que el hombre gasta en la taberna más próxima.

En el acto III Higgins le anuncia a su madre que ha encontrado a una "chica" atractiva y que la ha traído a vivir con él. La buena señora Higgins replica de manera sarcástica: "¿O es que ella te ha cogido a ti?" (722) La misma idea se presenta numerosas veces en *Niebla*, más notablemente en el capítulo XXVIII donde el tenorio Mauricio confiesa que todas sus amantes le han cogido a él al contrario de lo que decreta la opinión pública. En las dos obras la mujer es la que da el primer paso por razones biológicas (exigencias de la raza, diría Schopenhauer) y económicas. Cuando la madre de Higgins le pregunta a Pickering cómo una joven soltera puede compartir un piso con dos hombres, se refiere chistosamente a la pobre mujer como una clase de "sirviente" (734). Este es precisamente el papel doméstico y sexual que Rosario desempeñará en *Niebla* a partir del capítulo XII. Augusto intentará transformar tanto a "la del planchado" como a la pianista en criaturas de belleza y amor ideales. Higgins alude directamente a este motivo ovidiano al decir a su madre: "Es la labor más difícil que jamás he intentado, mamá. Pero no puedes imaginar cuán interesante es tomar a un ser humano y transformarlo en alguien muy diferente al crearle un nuevo habla" (734). Esto es precisamente lo que Augusto hace con Rosario al meter en su boca palabras de cariño que serían impropias de su clase social. Higgins se refiere a sus relaciones con Liza como "un experimento absorbente," y Augusto, a partir de su larga conversación con el ginepsicólogo Paparrigópulos en el capítulo XXIII, determina llevar a cabo experimentos de psicología femenina con Rosario y Eugenia, experimentos que le convencen que el verdadero sujeto de los mismos es él.

Al principio del acto IV Higgins ya ha ganado su apuesta con Pickering pues en una recepción diplomática logra convencer a los asistentes que Liza es duquesa. En lugar de renidir homenaje a la bella Liza, quien está dispuesta a enamorarse de él (hecho que se confirma otra vez en el acto V [764-65]), el profesor soltero se jacta de su propio triunfo y no le hace caso. Enfurecida, Liza le tira las zapatillas y protesta la falta de planes para ella en la vida futura del lingüista. Le señala lo injusto de usar a una proletaria ignorante como sujeto de sus experimentos. Finalmente le devuelve un anillo que Higgins le había comprado (747-752). Higgins admite que, a despecho de las apariencias, él le ha tomado cariño también (752). Pero ya es tarde. Al abandonar la casa del profesor con ideas de suicidarse (755), Liza tropieza con Freddy Eynsford-Hill, quien la cubre de besos al confesarle su amor. Los dos se alejan en un taxi haciendo planes para su vida futura.

Algo parecido pero más complicado ocurre en *Niebla*. Cuando la calculadora Eugenia parece aceptar la declaración de Augusto, éste abandona enseguida a la fiel Rosario, que ya no podrá entretener ilusiones de ser la futura esposa del señorito. Muy ofendida, ésta no vuelve a casa de Augusto y se lía con Mauricio, el ex-novio de Eugenia. Cuando Eugenia por fin abandona a Augusto para materializar sus planes de contraer matrimonio con Mauricio, Augusto determina suicidarse.

Cuando, en el acto V de *Pygmalion*, la madre de Higgins ensalza la cultura de la nueva Liza, el profesor contradice los halagos que considera inmerecidos: "Déjale hablar de su propia cuenta. Verás bien pronto si es capaz de una sola idea o palabra que no haya metido yo en su cabeza. Te digo que ésta es una cosa de mi propia creación...." (767), idea que se repite en el acto V (775). Idéntica aserción pronuncia repetidas veces "Unamuno" en los capítulos XXV, XXXI y XXXIII de *Niebla* al afirmar que es él quien ha metido en boca de Augusto, Víctor, Eugenia, Rosario, etc. las palabras que éstos creen ser suyas. Cuando el ahora riquísimo padre de Liza anuncia que se va a casar con la vulgarísima mujer a quien se ha arrimado durante años y quien será, en efecto, la madre adoptiva de Liza, (771) descubrimos una situación paralela a dos de las novelitas interpoladas que aparecen en *Niebla*: la del linajudo pero arruinado don Eloíno, que se ha casado con la ordinaria doña Sinfo (cap. XVII), y la de don Antonio, que se ha arrimado a la mujer abandonada por el hombre que se había esfumado con la esposa de Antonio mismo, dejando a éste la chica que ha de ser su hija adoptiva (cap. XXI).

Después del último acto, "Shaw" inserta un tipo de epílogo en que ata cabos sueltos y analiza el texto anterior. En este epílogo se subraya lo edípico de los fallidos intentos por parte de Higgins de lograr cierta intimidad con el otro sexo:

> Cuando Higgins disculpó su indiferencia a las jóvenes alegando una irresistible rival en presencia de su madre, ofreció la clave a su inveterada soltería. El caso es descomunal sólo porque las madres notables son descomunales. Si un chico imaginativo tiene una madre de medios que tiene a la postre inteligencia, gracia, dignidad… , aquélla le erige una modelo con quien pocas mujeres pueden competir, además de desconectarle todo sentido… , de sus impulsos sexuales. (783-84)

No sólo sirve este comentario para explicar las peculiaridades libidinescas de Higgins y del mismo Shaw (Shaw era célibe y su único enamoramiento fue epistolar [Weintraub 707]) sino también posiblemente las de Augusto y Unamuno. En su estudio jungiano de la narrativa unamuniana Jurkevich detecta personajes que personifican la incapacidad de ciertos hombres de liberar la propia ánima de una asociación con la madre. En ninguna parte de su estudio recalca mejor Jurkevich la relación entre los personajes de

Unamuno y su autor que en las páginas dedicadas a Augusto Pérez y *Niebla*:

> es imprescindible recordar que el arquetipo del ánima es la proyección de la comprensión de lo femenino tal como se lo han descubierto las mujeres de su propia experiencia. La tendencia de los héroes unamunianos de sentir el atractivo de las mujeres que se parecen a su madre se ha caracterizado como una manifestación del complejo madre del propio autor. (69; traducción mía)

Cabe poca duda que un texto como el de Shaw, de haberlo leído Unamuno, le habría dejado una huella endeleble tanto en su dimensión psicológica como en la sociológica y la metaficticia.

Unamuno conocía y a veces citaba varias obras de Shaw, *John Bull's Other Island*, *Major Barbara*, *Man and Superman*, las seis piezas de *Plays, Pleasant and Unpleasant* y *Saint Joan* (Earle 155; Nozick 281; Valdés, *An Unamuno* 228), siendo las citas más tempranas las de julio, 1906 y marzo, 1907 (*Ensayos* II: 462, 496), poco antes de la supuesta fecha de la desaparecida primera página del borrador de *Niebla*. Weintraub y Stewart (707) señalan que dos de estos dramas que había leído Unamuno, *Man and Superman* (1894) y *Candida* (1897), presentan el mismo conflicto entre el hombre como "forma" y la mujer como "materia" que Unamuno dramatizaría en *Amor y pedagogía*. Un examen de los textos de Shaw conservados en la Casa-Museo Unamuno en efecto aduce varios trozos de diálogo que se parecen a los de *Amor y pedagogía* y *Niebla*.[1] A pesar

---

[1] En *Niebla* Mauricio admite que es la mujer la que seduce al hombre:

Shaw, *Man and Superman* (U-364)

de estas semejanzas entre los dramas de Shaw y ciertas novelas de Unamuno, no se puede precisar si don Miguel conocía *Pygmalion* o si, habiéndolo leído, lo había leído antes de 1914. Sin embargo, sin postular una detenida lectura unamuniana del drama de Shaw es difícil si no imposible explicar el asombroso parecido de personajes, motivos, accesorios y sintagmas. Aunque se podría teorizar que algún texto intermediario haya inspirado tanto a Shaw como a Unamuno, ni el irlandés ni el español sugieren un modelo, y las muchas adaptaciones anteriores del mito—las de Rousseau, Goethe, Balzac, Stendhal, Hawthorne, E.T.A. Hoffman, Dante Gabriel Rosetti, Poe, Turgenev, Bécquer, Valera y Gal-

---

> You think that you are Ann's suitor; that you are the pursuer and she the pursued; that it is your part to woo, to persuade, to overcome. Fool: it is you who are the pursued, the marked down quarry, the destined prey (53).

Augusto es excesivamente tímido para confesar su enamoramiento, excepto por cartas o a terceras personas:

Shaw, *Candida* (*Plays: Pleasant and Unpleasant* [U-366])

> All the love in the world is longing to speak; only it dare not, because it is shy! shy! shy! (110)

El acomodado Augusto está predispuesto a usar a otros para forjarse una imagen de benignidad, seguridad e independencia. Sólo desde esta comodidad burguesa puede ser generoso con los demás:

Shaw, *Major Barbara* ("*John Bull's Island*" *and* "*Major Barbara*" [U-1435])

> COUSINS: Excuse me: is there any place in your religion for honor, justice, truth, love, mercy and so forth?
> UNDERSHAFT: Yes: they are the graces and luxuries of a rich, strong, and safe life. (232)

dós—no tienen mucho en común con las de Shaw y Unamuno.[2] En su única referencia directa a la historia clásica de Pigmalión, "Shaw" conecta a Higgins con el escultor mítico y a Liza con la mujer creada por Venus al realizar los ensueños de aquél (798). En esta ocasión usa el nombre Galatea utilizado también por otros autores, aunque no por Ovidio, al recrear la personalidad de la estatua-mujer. Se piensa en obras de los griegos Apolodoro (cuyo nombre le sirvió a Unamuno al crear al protagonista de *Amor y pedagogía*) y Partenio, o en el mismo Cervantes con su novela *La Galatea*, pero ninguno de estos escritores tiene una obra ni remotamente parecida a las de Shaw y Unamuno y esto a pesar de cierta cualidad homónima (rima asonante) entre "Galatea" y "Eugenia." Por su parte, Unamuno no parece haber leído nunca

---

[2] La falta de parecido entre los tratamientos de Galdós (*La familia de León Roch* [1878-1879]) y Unamuno se destaca en los estudios de Jagoe (41-52), Charnon-Deutsch (175-89) y Rueda (200-11). Respecto a la novela galdosiana, Valera notaba en *La familia de León Roch* las huellas de su propio *El Comendador Mendoza* (1876-1877), que tiene fuertes semejanzas de personajes pero sólo un ligero parecido argumental con la novela de Galdós. Todo tratamiento de Pigmalión necesariamente tiene un mínimo de semajanzas con todos los demás tratamientos porque cada intento de moldear una mujer de acuerdo con las añoranzas de un hombre particular involucra a éste en la elaboración de un fetiche. Cada fetiche tiene vida propia ya que, según Baudrillard, "en vez de funcionar como un metalenguaje del pensamiento mágico de otros, se vuelve contra quien [sic] lo usan" (Rueda 200). En *La familia de León Roch*, tanto León como María Egipcíaca elaboran cónyugues de acuerdo con sus propias necesidades, y el narrador recurre múltiples veces al nombre Galatea en un intento de protegerse del fetiche que él y León han elaborado. Ninguna re-creación mutua y ningún empleo de los nombres Pigmalión y Galatea ocurren en *Niebla*. Hay que admitir que las férreas personalidades de Eugenia, de María Egipcíaca y de doña Blanca (ésta en la novela de Valera) sí tienen un leve parentesco.

Peregrine Pickle de Smollett.

Nadie sabe qué significará la fecha de agosto, 1907 en la primera página (ahora perdida) del borrador al que Valdés alude. Se suele pensar que indica el momento cuando Unamuno empezó a producir la segunda versión de la obra, pero puede también referirse a los orígenes de la versión anterior o constituir un intento posterior (tal vez equivocado) de fijar el período de la primera inspiración. El hecho de que la primera página, con su fecha de "agosto, 1907, Bilbao," ya no se encuentra en los archivos de la Casa-Museo no confirma que jamás haya existido, porque, como afirma Robles:

> Las distintas manos que han pasado por la Casa-Museo de Unamuno, guardianas y custodias las unas, entrometidas e ignorantes las otras, han ido modificando, cambiando, desorganizando los papeles que Unamuno dejó ordenados al morir..... ("Introducción," *Nuevo mundo* 37)

Pero tampoco nos autoriza a limitar la mayor parte de la composición a fechas tan tempranas. Johnson, por ejemplo, ha señalado fuertes semejanzas entre la maduración psico-física de Augusto Pérez y las teorías expuestas en el libro *Orígenes del conocimiento: el hambre* (1912) publicado por el amigo de Unamuno, Ramón Turró (93-98), cuya traducción Unamuno tenía en su biblioteca (Valdés, *An Unamuno* 245). Y la correspondencia de Unamuno, tantas veces utilizada por los comentaristas de don Miguel desde García Blanco hasta nuestros días para comprobar que no contiene claves a la composición de *Niebla*, produce más de un dato revelador. En una carta del 25 de febrero de 1912 el amigo de Unamuno, Pedro Blanco, corresponsal de la Societé Internationale de la Musique, le envía desde Oporto una carta en que anuncia el fallecimiento del amigo portugués Manuel Laranjeira y agregando un comentario de altísimo interés: "Hoy 23 se ha enterrado a Manuel Laranjeira, que se ha suicidado; *puso en práctica las ideas expuestas en la carta que Vd. insertó en sus impresiones de Portugal*" (*Epistolario inédito* 298; énfasis mía). Al día siguiente Unamuno le envía una carta a Blanco en la cual afirma lo siguiente respecto a las cartas que ha recibido de Laranjeira:

> No me ha sorprendido el fin de nuestro amigo. Más de una vez mostrando la docena de cartas que de él guardo... dije: "he aquí el epistolario de un futuro suicida." ¡Pobre hombre! Su vida debió ser bien vacía.... / *Deme detalles de su muerte.*" (298)

Estas palabras son importantes porque revelan un posible antecedente del suicidio de Augusto Pérez en el capítulo XXXII de *Niebla*, acto trágico que el "panoli" lleva a cabo después de haber leído algún comentario del personaje "Unamuno" sobre el suicidio en el capítulo XXXI. No sólo se remonta este posible antecedente al año 1912, bien después de la supuesta fecha del segundo borrador de la novela, a la vez que delata un caso psicológico conocidísimo por Unamuno desde años atrás, sino que revela una acusación por parte de un mutuo amigo de que don Miguel tiene parte de la responsabilidad de la muerte de Laranjeira. Es tal vez importante que Unamuno no sólo comente el estado de salud mental de su viejo amigo portugués sino que pida detalles respecto a sus últimos días y manera de morir. La noticia y comentario producen tanta preocupación en Unamuno que el 23 de abril de 1914—fecha que coincide con la publicación de *Niebla*—escribe don Miguel otra vez a Blanco revelando una posible preocupación por la eventualidad de que su carta u otro documento sobre el suicidio se publique: "Qué es de las cartas de Laranjeira? [sic] Nada he vuelto a saber ni cuando al fin se publican. Voy a preguntarle a Murão. *Porque en todo caso quiero recobrar los originales.*" (335). No se sabe si Unamuno se refiere a las cartas suyas o las que recibiera del portugués.[3] En todo caso es imporante notar con respecto al posible papel de la correspondencia Unamuno-Laranjeira en la composición de *Niebla* que la idea del suicidio no sólo se presenta en los capítulos XXXI y XXXII de la novela sino que se encuentra en casi todos los capítulos a partir del XV donde por primera vez menciona Augusto sus planes para un "largo viaje," el del suicidio (ver el capítulo IV de este libro). En vista de estas posibles modificaciones tardías en el manuscrito de *Niebla*, no parece disparatado sugerir una posible relación con la obra de Shaw, no sólo en las últimas partes de la *nivola*, sino a lo largo de toda la obra.

Si en *Niebla* se puede percibir una obra en íntima relación intertextual con el *Pygmalion* de Shaw, y si la obra de Shaw

---

[3] La correspondencia de Laranjeira no se publica hasta 1943. La publica en una edición limitada el mismo Ramiro Murão que prometiera ensamblarla veintinueve años antes. Lleva un antiguo prólogo que escribiera Unamuno (García Morejón 440, 553). La Casa-Museo Unamuno conserva sólo dos tristes cartas de Laranjeira, fechadas el 14-III-1911 y el 28-VII-1910, y un poemario del portugués (*Commigo [Versos d'um solitário]*, Coimbra: F. França & Armenia Amado, 1911). La primera de las cartas dice que la realidad social portuguesa es aun más triste de lo que ha observado Unamuno, y la segunda lamenta no haber visto a Unamuno cuando éste pasara por Oporto. La dedicatoria del poemario acusa la superioridad espiritual de Unamuno, y las acotaciones de Unamuno ponen de manifiesto un esfuerzo por reordenar la colocación de muchos de los poemas, tal vez en un intento de producir una antología digna de la memoria del suicida. Es evidente que a Unamuno los versos desesperados le llegan al corazón.

alcanza su forma final entre 1912 y 1913, cuando finalmente se publica, incumbe preguntarnos si el manuscrito de *Niebla* no se modificara, no sólo aquí y allá, sino sustancialmente después de 1907. Si *Niebla* se hubiera modificado de la manera propuesta aquí, Unamuno habría logrado cumplir con los consejos que su portavoz Entrambosmares le diera al joven Apolodoro en *Amor y pedagogía*: "haz como el zorro, que con el jopo borra sus huellas; despístales" (79). Habría borrado las huellas de sus influencias más importantes para que sus lectores le atribuyeran casi toda la imagen creativa a él. En el caso de Shaw, don Miguel le habría castigado bien por haber logrado desarrollar de forma cumplida unos años antes que él el mismo motivo que se le había ocurrido a Unamuno a principios de siglo.

IX
El manuscrito de *Niebla*

SE HA DICHO QUE el autógrafo de *Niebla* que se conserva en la Casa-Museo Unamuno consta de 456 folios de 10 por 15 cm. escritos a mano por Unamuno (Valdés 47). Faltan varias páginas (Zubizarreta 69), y es casi seguro que el manuscrito conservado es, por lo menos, un segundo o tercer borrador. Valdés afirma que el primer folio, ahora desaparecido, llevaba la fecha de agosto 1907 y el nombre del lugar donde se terminó su composición, Bilbao (Valdés 47). Tanto Zubizarreta (69) como G. Gullón (10) y Valdés (47) aseveran que las modificaciones realidazas al manuscrito entre "1907" y la primera edición de 1914 son insignificantes, constando principalmente de 23 líneas nuevas en el capítulo XII y de 18 más en la conclusión del capítulo XXXI (G. Gullón 10). Esta descripción del único manuscrito conservado y la subsiguiente comparación con la novela publicada no sólo son inadecuadas para entender el proceso de su composición (el mito de que Unamuno escribiera más o menos "a lo que salga," como sugiere el autor implícito Víctor Goti en su descripción de cómo construyó su *nivola* [cap. XVII]), sino que se niegan a tomar en serio las considerables modificaciones estructurales que Unamuno elaboró entre la fecha incierta del borrador y la publicación de la primera edición.

El borrador conservado en Salamanca en realidad se compone no sólo de los 456 folios que se corresponden con el "corpus" central de *Niebla* (33 capítulos numerados más la "Oración fúnebre," sección que lleva el subtítulo "Por modo de epílogo") sino también de 29 folios más (numerados por Unamuno con una sucesión independiente que corre entre 2-26 y 27-30) que abarcan el Prólogo y el Post-Prólogo de la obra. Falta el primer folio del Prólogo y se supone que tenía que ser éste el que llevara originalmente la fecha "1907" aducida por Valdés. Todo el manuscrito está en tinta negra, pero hay distintas gradaciones de claridad y oscuridad de la tinta que indican las diferentes etapas de composición. Unamuno ha vuelto a numerar los folios también en varias ocasiones—por lo menos tres en algunos casos (el actual folio 95 lleva también los números 94 y 96—produciendo una serie de palimpsestos en los cuales son visibles los números originales que figuran a lápiz debajo del número "definitivo" en tinta negra. (Existen otros números puestos en el manuscrito por archivistas de la Casa-Museo Unamuno en su intento de llevar a cabo un censo de los folios del manuscrito en su forma incompleta actual. Estos números no se discutirán aquí.) Hay sustanciosas interpolaciones—a veces adiciones diacrónicas, a veces no—al dorso de muchos de los folios.

Los primeros 81 folios (que corresponden a los capítulos I-VII) se escriben en tinta negra oscura. La tinta del folio 82 (el primero del capítulo VIII) se cambia a gris oscuro, y este color se mantiene hasta el final de todo el manuscrito, incluso en el Prólogo y el Post-Prólogo, secciones que los archivistas de la Casa-Museo han colocado al final de los folios de que se compondría el corpus central. La numeración independiente del Prólogo y Post-Prólogo por parte de Unamuno, la tinta distinta (compartida por los 26 capítulos finales más el Epílogo) y la decisión de la Casa-Museo de colocar los paratextos al final nos llevan a la conclusión preliminar de que el Prólogo y el Post-Prólogo no estaban presentes ni en los apócrifos borradores originales ni en la primera versión del actual.

Las distintas etapas de la numeración de los folios por parte de Unamuno son muy visibles y sumamente interesantes. La nueva numeración se corresponde exactamente con el cambio de color de la tinta que se nota en el primer folio del capítulo VIII, y esta nueva numeración sigue hasta el final del corpus central. Algunos de los números originales escritos a lápiz son ahora ilegibles. Como se ha dicho, el folio que ahora lleva el número 95 tiene por debajo los números 94 y 96. El actual folio 120 conserva el número 118, el número 130 el 128, el 131 el 129. Los números 150, 151 y 152 mantienen los números 149, 150 y 151, sugiriendo que Unamuno había eliminado un folio. Esta diferencia, primero de uno y después de dos continúa, hasta el folio 215. Después de algunos números originales ilegibles encontramos lo siguiente (damos sólo una muestra):

Número Actual	Número Anterior	Discrepancia
264	258	6
265	259	6
278	272	6
284	278	6
317	311	6
320	314	6
325	319	6
328	322	6
402	396	6
420	411	9

Número Actual	Número Anterior	Discrepancia
426	417	9
428	419	9
429	423	6

Las mayores discrepancias corresponden al capítulo XXXI, donde, como resume G. Gullón, Unamuno después añadió 18 líneas más antes de la primera edición. Como se puede observar, las interpolaciones dentro del borrador van mucho más allá de las 18 líneas nuevas que Gullón señala (10) al contar las nuevas descubiertas por Valdés tras comparar el borrador con la primera edición (passim). Zubizarreta después (passim) encontrará equivocaciones de palabras en las discrepancias señaladas por Valdés. En un lugar del manuscrito aparece claramente y sin ninguna necesidad de inferencias un folio añadido. Esto ocurre después del 310, donde don Miguel agrega el folio 310 bis, adición que nunca se rectifica en la numeración global. Se supone que la numeración no se altera porque el cambio se produce relativamente tarde en la elaboración de la novela y Unamuno no quiere ya volver a numerar el resto de los folios.

Es evidente, desde luego, que Unamuno volvía muchas veces a alterar su texto "después" de componer los primeros siete capítulos. Pero las evidencias de esta alteración constante no sirven para comprobar de manera contundente nuestras conclusiones provisionales de que el Prólogo y el Post-Prólogo se escribieran después de la composición de los primeros 7 capítulos, como sugiere la colocación de los folios de los paratextos en el manuscrito conservado en Salamanca; como parece evidenciar el cambio del color de la tinta; como sugiere Valdés al atribuirle al final de la composición del borrador la fecha de 1907 que dice haber visto en el primer folio desaparecido del Prólogo. Existe también la posibilidad de que se escribieran los paratextos antes de la evidente reescritura del bloque compuesto de los últimos 26 capítulos más el Epílogo. El folio que lleva el número uno y que se corresponde con el primer folio del capítulo uno del corpus central también contiene estas palabras sin fecha:

Niebla.

Novela interrumpida.

Unamuno podría haber escrito los primeros borradores con tinta gris oscura, haciendo muchas adiciones y otros cambios, incluso cambios en la enumeración de los folios. Después suspendería su trabajo durante un período indefinido, pero, cuando volviera a elaborar o pulir su narrativa, empezaría con los primeros 7 capítulos, ultilizando una tinta más oscura, y nunca lograría revisar los 26 capítulos restantes ni el Epílogo. Esta idea la sostiene el cambio y adición de palabras con tinta oscura en el primer folio (el número 82) del capítulo VIII y en varios otros folios. Según este escenario los primeros 7 folios representan no tanto una nueva versión, sino el intento de pasar a limpio lo que había escrito antes. El Prólogo y el Post-Prólogo podrían haberse redactado antes, pero la negligencia de Unamuno al no volver a escribirlo con tinta oscura daría la impresión de que su composición fuera posterior. De haber sido así, no habría sido necesario que Unamuno cambiara los números de los folios que correspondían a los 26 capítulos finales más el Epílogo. Podría sencillamente haber producir una copia más o menos congruente del borrador anterior de los primeros siete capítulos, y los otros folios (todavía no pasados a limpio) podrían haber continuado como los números sin salto alguno. Si don Miguel hubiera querido interpolar pasajes nuevos, podría simplemente haberlos escrito al dorso, y de hecho parece haberse avalado mucho de esta técnica a lo largo del manuscrito, como veremos a continuación.

Pero antes de examinar una muestra de las adiciones que hizo Unamuno a lo largo del manuscrito sería bueno hacer hincapié en una conclusión que se puede sacar de todos los cambios que saltan a la vista con respecto a la numeración de los folios. El hecho de que Unamuno escribiera los primeros a lápiz mientras que los finales y toda la narrativa se escribiesen a tinta sugiere que, para la fecha muy incierta del borrador (ver el capítulo VIII de este libro), Unamuno estaba relativamente seguro de la historia que quería contar (los infortunios y conflictos que le acaecerían a Augusto) pero no sabía la receta que iba a usar para darles orden y sentido. Evidentemente el hecho de que Víctor iba a ser escritor de una *nivola* y de que la narrativa de Unamuno tenía que encarnar la polifonía narratológica implícita en esta forma *sui generis* le impuso a Unamuno la obligación de prestar máxima flexibilidad al orden de los acontecimientos de su narrativa. Es decir, le imponía la obligación de escribir con una máxima posibilidad de flux para que él mismo pudiera experimentar sus inciertos efectos antes de permitir que Augusto, Víctor y "Unamuno" filosofasen sobre ellos en las páginas de su *nivola*. Así pudo haber escrito los números de los folios a lápiz para facilitar cualquier cambio de estructura que se le antojara. El hecho de que Valdés haya usado la palabra "tarjetas" (47) para referirse a lo que son de hecho pequeñas hojas de papel sólo subraya el hecho de que cualquier lector del manuscrito puede sentir la calidad "bajarable," "interina" y "provisional" que hay en todo ello. Como en *Cómo se hace una novela* (1927), lo que tenemos en *Niebla* son los apuntes para una novela que conserva la vitalidad del acto de su composición, vitalidad que se perdería si la novela adoptara su forma definitiva.

Una mirada a las adiciones que Unamuno hizo al dorso de los folios del manuscrito demuestra que tienen varios efectos sobre la novela que don Miguel por fin—después de siete y tal vez más años de composición—decidió publicar. Al dorso del folio 34 (cap. III) Unamuno interpola una conversación en la que Víctor y Augusto, durante su primera partida de ajedrez, debaten si Augusto está enamorado o enamoriscado. La interpolación pasa íntegra al capítulo III de la primera edición. Lo mismo ocurre con la interpolación que aparece al dorso del folio 42 (cap. IV) donde la madre de Augusto, doña Soledad le aconseja a su hijo que busque una esposa que le gobierne. El dorso del folio 58 (cap. V) ofrece dos interpolaciones. En la primera Augusto recuerda cómo su madre le contemplaba al recibir aquél el título de bachillerato. En la segunda recuerda cómo su madre le ayudaba con la tarea del instituto. La cronología de los dos acontecimientos se invierte al pasar a la primera edición, permitiéndole al narrador demostrar cómo la mente del protagonista crea asociaciones analépticas. Al dorso del folio 75 (cap. VI), folio que contiene los primeros disparates de don Fermín, el tío anarquista de Eugenia, hay una breve interpolación en la que Fermín dice que Dios obedece a sus criaturas, idea que Augusto después intenta usar como arma contra la agresión homicida de "Unamuno" en el capítulo XXXI. La novela publicada coloca el material, no donde parece indicar el texto original del folio, sino al final del capítulo VI, donde la noción del autor como esclavo de sus personajes recibirá más énfasis debido a la pausa entre capítulos.

En el material que corresponde al capítulo VIII, el primero que se escribe con tinta gris oscura, el dorso del folio 83 presenta una adición en la cual don Fermín prosigue con sus disparates. En el texto original de este folio Eugenia sale de su habitación con el sonido de alas (el frúfrú de sus faldas romantizado por Augusto).

La versión definitiva presenta los dos textos en el mismo capítulo pero separados por otro material, dando la impresión de que las extravagancias de Fermín y las de Augusto contienen la misma dosis de contrasentido. El capítulo VIII del manuscrito (folio 98) ofrece una interpolación en tinta muy oscura (quizás muy posterior) que presenta algunas meditaciones de Augusto sobre la filosofía anarquista de Fermín que contrastan bien con la fidelidad material de Orfeo que se presenta en el texto original. La versión definitiva coloca estos trozos ordenados uno tras otro. El mismo capítulo del manuscrito contiene, al dorso del folio 99, una interpolación de una adición del diálogo entre Augusto y Liduvina que Unamuno coloca al final del capítulo. El dorso del folio 139 (cap. XII, donde aparece por primera vez Rosario, "la del planchado") ofrece una interpolación en tinta de negro intenso (¿muy tardía?) sobre la manera en que Rosario mira a Augusto, interpolación que Unamuno, después de modificarla estilísticamente, termina por colocar, no tras el texto original, sino al principio del capítulo, donde el breve monólogo interior en estilo indirecto libre que contiene la nueva aportación logra modular la transición entre la narración intradiegética de Víctor/"Unamuno" y la mimesis del diálogo entre Augusto y la planchadora. El capítulo XVII del manuscrito (folios 221, 244 y 245) contiene tres interpolaciones sobre la *nivola* de Víctor que pasan íntegras a la novela publicada conforme a su ubicación textual en los folios.

Al dorso del folio 266 (cap. XX) Unamuno inserta una larga adición al diálogo mantenido por Augusto y Domingo sobre los motivos de las mujeres y las diferencias entre éstas y los hombres. El texto añadido es significativo por eventualmente aportar a la obra las ideas populares (después rebatidas) de que las mujeres no son capaces de sentir celos incontrolables de amor (convertirse en "Otelas") y de que los hombres no pueden ser lo suficientemente débiles como para convertirse en víctimas ("Desdémonos"). El original de los folios 401 y 402, que están escritos en su totalidad, como lo es también el material interpolado, en tinta negra oscura (¿otro cambio tardío?) a pesar de formar parte del bloque textual que suele presentarse en tinta gris oscura, ofrece parte del famoso intercambio del capítulo XXXI en que "Unamuno" le informa a Augusto de por qué éste no se puede suicidar. Los trozos nuevos—algunos de los más famosos de la obra—presentan la idea de que Augusto es ente de ficción, la frase cruel de Unamuno respecto al "secreto" que sólo el autor/Dios sabe, y la primera parte del famoso desafío en que Augusto postula que "Unamuno" puede ser más mortal que él, su personaje. Sin embargo, la interpolación pasa a la novela de forma más suave y menos estridente que la del manuscrito. Al dorso del folio 429 (cap. XXXII) se encuentra la interpolación sobre el telegrama que Augusto le envía a "Unamuno" a Salamanca, anunciándole la muerte incipiente de su personaje rebelde. Pasa directamente a la novela junto con el material que Unamuno había compuesto en los folios circundantes. Cosa idéntica ocurre con la interpolación del mismo capítulo (folios 428, 429) sobre cómo Domingo le ayuda al moribundo Augusto a pasar a su alcoba y a acostarse. El dorso del folio 432, folio que contiene otra parte del capítulo XXXII, presenta una larga interpolación en la que Augusto y su doméstico Domingo discuten si el mundo y la existencia toda son "cosas de libros." El trozo, que se relaciona íntimamente con el motivo metaficticio de la confrontación entre Augusto y "Unamuno" (cap. XXXI) ha cambiado de interlocutor y, en lugar de insertarse en la acalorada discusión del capítulo anterior, donde tal vez cabría mejor (¿es Domingo una persona adecuada para discutir si el ser humano es un producto textual?), se instala, de forma muy cambiada, como parte del capítulo XXXII, donde Augusto, jugando desesperadamente con la noción de vivir en el lector, idea que siembran en él tanto Víctor como "Unamuno," planea el suicidio (concebido ya en el capítulo XXXI pero con motivos más prosaicos) con el cual va a estorbar los planes de su autor y ganar notoriedad literaria. De esta manera Unamuno decide violar la ya bien constatada psicología del personaje secundario para reforzar la noción de la existencia libresca presentada dos veces antes dentro del mismo capítulo, una vez por medio de otra adición tardía (folio 426) y otra en la versión "original" (folio 431).[1]

En base a este brevísimo resumen de las características y modificaciones dentro del manuscrito se pueden ofrecer algunas conclusiones provisionales: (1) Casi todas las interpolaciones tienen que ver con las cosas que piensa o dice Augusto. Los demás personajes—incluso Víctor, Eugenia y Rosario—están ya completos. (2) Unamuno ya conocía su historia pero todavía experimentaba con la receta. (3) Tanto las alteraciones efectuadas dentro del autógrafo como las llevadas a cabo para la primera edición se calculan para acentuar los mecanismos de la *nivola* que Víctor dice escribir y que Unamuno aparentemente desea encarnar en su obra. Este hecho composicional corrobora de manera tajante las aserciones de Øveraas a nivel textual de que la dimensión metaficticia y el aparente control de la narrativa por parte de "Unamuno" no emergen sólo en los capítulos finales sino que estaban presentes, aunque sutilmente camuflados, desde las primeras páginas de la obra. (4) Hay más alteraciones dentro de los folios del autógrafo que entre el autógrafo y la primera edición. (5) Unamuno casi

---

[1] El hecho de que Unamuno haya empezado a violentar la personalidad proletaria de Domingo se comprueba con observar que el habla de éste cambia de "déjese de tonerías," frase tachada en el folio 421 para suplantarse con "déjese de andróminas" en el mismo, forma que pasa a la primera edición.

siempre logra mejorar el texto. Es más, el lector del manuscrito se da cuenta de que existen unas metas constantes en su revisión: (a) ejemplificar lo anacrónico de los procesos mentales de Augusto; (b) suavizar los intercambios evocadores de la lucha de clases, como si se quisiera subrayar la imposibilidad de que los personajes abandonaran las "fórmulas" decretadas por los que tienen dinero y poder; (c) recalcar los conceptos metafísicos y metaficticios centrales por aislarlos de los conflictos psicológicos. (6) Como ya han afirmado muchos al estudiar las imágenes, los juegos etimológicos, las dimensiones narratológicas de las novelas interpoladas y los antecedentes de partes de la novela, Unamuno definitivamente no escribía *Niebla* "a lo que salga."[2]

No cabe duda de que el único manuscrito que tenemos de *Niebla* merece un estudio mucho más detenido que el que se presenta aquí, un estudio llevado a cabo por estudiosos con el tiempo necesario para imaginar de manera más completa la forma y efectos de la novela sin las interpolaciones realizadas por Unamuno, con y sin las adiciones posteriores señaladas en detalle

---

[2] Como se puede ver, estoy en fundamental desacuerdo con La Rubia Prado cuando, siguiendo el ideal unamuniano expuesto en su artículo "A lo que salga" (1904), afirma que el Unamuno de *Niebla* ya estaba "definitivamente instalado en el modo de escritura orgánica, o viviparismo" (163). Tampoco estoy de acuerdo con La Rubia cuando, siguiendo la descripción que hace Víctor Goti de su *nivola*, dice que la clase de narrativa que se ve en *Niebla* no tiene argumento (172). Como dejo aquí constatado, aunque el ideal de la *nivola* es desarrollar al personaje a expensas de la trama, Unamuno tenía muy claramente concebido el argumento de *Niebla* antes de experimentar con las maneras más prometedoras de presentar los mecanismos psicológicos de su protagonista. Estoy de acuerdo con La Rubia respecto a la importancia central del personaje, pero Unamuno pefecciona a Augusto sólo después de idear los contornos de su argumento. Ver *Telling Stories* de Michael Roemer (passim) sobre la categórica imposibilidad de escribir una narrativa sin argumento.

por Valdés (passim) y resumidas por el mismo Valdés (57) y por G. Gullón (10) y corregidas por Zubizarreta (passim). También debería someterse a paleógrafos y, de ser posibles, a químicos para averiguar a qué factores se debe la variación del color de la tinta: composición química distinta, pluma diferente, la edad del escritor, cambios de su manera de agarrar la estilográfica, etcétera. ¿Pueden compararse la tinta y letra de las distintas partes del manuscrito con la letra de otros documentos (v.gr., la correspondencia de Unamuno) que llevan fecha indiscutible? ¿Cuál es la forma precisa de la obra en cada una de sus fases perceptibles, perceptibles en el sentido de que ya habrá otras que ignoramos o cuyas huellas no podamos rastrear? Estas fases en teoría perceptibles, cuyo orden y cronología son difíciles de precisar, incluyen los primeros 7 capítulos, los últimos 26 capítulos más el Epílogo, todo el corpus central sin el Prólogo y Post-Prólogo, el corpus con sus paratextos pero sin sus interpolaciones, el corpus con las interpolaciones pero sin los paratextos. Más que nada, necesitan estudiarse las posibles configuaciones del manuscrito evidenciadas por los cambios de número entre las cifras anotadas a lápiz (varias en algunos casos) y las que se escriben con tinta.

Da vergüenza comparar el número de estudios detallados que se han hecho de los manuscritos de Galdós —incluso de obras como *Rosalía* que el novelista decidió no publicar—, de Baroja, de Martín-Santos, de Marsé y la completa ausencia de estudios sobre el manuscrito de lo que muchos consideran ejemplo de la narrativa española más importante del siglo XX. Este es un estudio que debería llevarse a cabo antes de que el papel barato que usaba Unamuno y los números muy borrables que anotó a lápiz se transformen en nada.[3]

---

[3] Quisiera agradecerle una vez más al personal de la ayuda de Casa-Museo

Confluencia de perspectivas
(en lugar de conclusiones)

LOS NUEVE ENSAYOS DE ESTE tomo guardan entre sí una relación que es a veces estrecha y obvia pero que otras veces resulta más difícil de precisar. Los capítulos I y V sobre algunos de los orígenes realista-naturalistas de *Niebla* se relacionan con los capítulos III, IV, VI y ciertas partes del mismo capítulo V que discuten la manera en que distintos detalles realistas se convierten en señas de una lenta transición a los planos autorreflexivos y ontológicos. Los mismos capítulos discuten los reflejos en *Niebla* del ambiente y sociedad salmantinos (y españoles) en los cuales le tocó a Unamuno vivir, realidad que usaba como trampolín para abordar íntimas preocupaciones escatológicas. El capítulo VII, al contrario, invoca precauciones en contra de una lectura exclusivamente metaficticia y así devuelve al lector al mimetismo abordado en los capítulos I y V. El capítulo IX, sobre el manuscrito de *Niebla*,

---

Unamuno, en especial a su archivista Ana Chaguaceda Toledano, permitirme trabajar directamente con el autógrafo de *Niebla* en diciembre de 1999 y junio de 2000.

está íntimamente relacionado con el capítulo VIII, que explora las fechas de la composición de la *nivola*. El capítulo al parecer más suelto, el II, sobre Unamuno y Lorca, resulta ser, al lado del capítulo I, paradigma del motivo principal de todo el volumen: el de la transformación de textos como acto epistemológico-espiritual.

El orden crónologico de los capítulos obedece el siguiente plan: (1) *Fortunata y Jacinta* como ur-texto de *Niebla* y *ab quo* del presente estudio, (2) *Bodas de sangre* como *ab quem* de los intertextos estudiados, (3) cuatro aspectos de la alegorización de la mimética convertida en ontología, (4) límites de dicha transformación, (5) posibilidades de que la composición de *Niebla* se iniciara antes y que se terminara después de las fechas consagradas, (6) el autógrafo como mapa de los procesos epistemológicos y guía de la transformación de los mecanismos psicológicos de *Niebla* en ontología.

En un intento de precisar estas relaciones explícitas o tangenciales, se ofrece el suguiente esquema de lo que este tomo ha logrado rastrear, pero cabe subrayar lo obvio: que los ensayos originalmente se concibieron como una serie de investigaciones sobre asuntos individuales cuyo mérito principal era explorar distintas perspectivas que prometieron ser interesantes.

* * * * *

Al iniciar la composición de su incomparable *nivola*, Unamuno—de manera casi inverosímil—se apropió de *Fortunata y Jacinta*, paradigma de la metanovela realista-naturalista, con claras intenciones de transformarla—no por medio de una duplicación simplificada de sus prolijos detalles sino vía la utilización de sus estructuras básicas—en exponente depurado de una narrativa autorreflexiva-filosófica muy diferente (aunque conservando vestigios) de su abultada exposición original. Logró de esta manera una transformación que podríamos denominar didáctico-ejemplar, ya que señalaba los pasos que precisarían tomarse para convertir una novela decimonónica híbrida (mimética y metaficticia a la vez) en muestra preclara de lo que una obra plenamente moderna tenía que ser. Irónicamente, Unamuno pudo transformar así a Galdós por someter la caracterización y estructuras de *Fortunata* a las fórmulas metaficticias y epistemologio-diegéticas de otra narrativa galdosiana—ésta mucho más atrevida que la obra maestra de 1886-1887, *El amigo manso*—que tenía la misma clase de personajes centrales (no muy distantes de sus borrosos reflejos en *Fortunata*) en quienes podría centrar gran parte de la psicología de su obra.

Lorca, a su vez, tomó el argumento, caracterización, conflictos sexuales y dimensión metaliteraria de *Niebla* y los moduló—primero, por deshacerse de la metafísica (esto sólo en parte) y comicidad (esto de manera completa) de Unamuno y de su antecedente Galdós y, después, por agigantar la dimensión cósmica de la disfuncionalidad de los héroes modernos de Galdós y Unamuno (Máximo Manso, Maximiliano Rubín, y Augusto Pérez)—para producir una visión sumamente trágica (y no tragicómica) de los procesos de emasculación. De no haber sintetizado Unamuno las esenciales esctucturas e implicaciones ontológicas de *Manso* y *Fortunata*, cuesta creer que Lorca hubiera podido crear una obra a la vez metateatral, trágica y ontológica en base a los escasos detalles del crimen de Níjar.

Invirtiendo los mecanismos de la mitopoesis galdosiana (que usó la metáfora de la composición de una novela para explicar cómo la sociedad de la Restauración se edificaba un espejo capaz de borrar su esencial esperpentismo), Unamuno tomó los mecanismos de clase que funcionaban en los primeros años del siglo XX y los transformó en vehículo para pensar e ilustrar todo un concepto metaficticio-ontológico. Para llevar a cabo esta transformación de lo mimético en ontológico, Unamuno convirtió el movimiento de sus personajes por espacios salmantinos en poética espacial emblemática de un cambio de plano: desde una preocupación por el materialismo cotidiano hacia una configuración de posibles mecanismos eternizantes. Pero el enfoque *exclusivo* en los posibles de un proceso de eternización resulta equivocado porque la *nivola* tiene cara de Jano capaz de mirar tanto a sus móviles sociales y psicológicos como a su paulatina metamorfosis metaficticia y ontológica. Aunque los motivos materiales se desenmascaran para revelar impulsos literario-existenciales, no dejan de ser materiales a la vez.

Esta ambivalencia mimético-visionaria se subraya más cuando el lector se fija en que los mismos conflictos de índole social y la idéntica poética socio-espiritual que se ven empleadas en la confección de la alegoría ontológica de *Niebla* ya se habían usado en *La señorita Julia* de Strindberg, obra naturalista que le habría servido a Unamuno de inspiración y guía en las fases preliminares de concebir su *nivola*. La pieza de Strindberg es en sí ambivalente, iniciándose sobre bases de una lucha de clases y concluyendo con un enfrentamiento con cuestiones ontológicas que la protagonista tiene que afrontar al acabársele sus privilegios clasistas. La identificación de Víctor Goti como agente de Bolsa que se encuentra implicado tanto en la pobreza y resultante altañería compensatoria de Eugenia como en la quiebra y suicidio de su padre subraya una vez más la intrínseca dualidad de la *nivola*. Víctor junto con sus clientes y conocidos (incluso Augusto) se encuentra inmerso en el mundo material de causas y efectos, pero la profesión de agente de Bolsa implica y, a fin de cuentas, fomenta la toma de riesgos con la calculada esperanza de poder sacar provecho. A nivel alegórico este juego de riesgos y potencialidades representa el acto de componer una *nivola*, con su posibilidad (aunque no garantía) de crear una visión creíble de los mecanismos de auto-eternización. La otra posibilidad poco compensatoria (inspirada en Sénancour y también propuesta en *Amor y pedagogía*) será fracasar en un hercúleo o quijotesco intento de lo virtualmente imposible. La acompañante frustración experimentada por el lector al detectar el fracaso de Víctor en su tentativa *nivolística* de formalizar estructuras posibilitadoras de la inmortalidad para su criatura Augusto produce en este mismo lector la interiorización de una tragedia ontológica aguda semejante en su intensidad a la detectada, depurada y escenificada años después por Lorca en su creación de un Novio cuyos ensueños materiales basados en motivos cósmicos no se cumplen.

Si tanto la profesión especulativa como la avocación literaria de Víctor contribuyen una perspectiva trágica al fracasado intento de fundir una ontología lúdica en la *nivola* escrita por aquél, la temática de Pigmalión de dicha *nivola*—temática intensificada en el todavía incompleto texto unamuniano después de la divulgación del *Pygmalion* de G.B. Shaw en 1912 y 1913—aporta otra capa de sobria clausura a los vuelos imaginativos de Augusto, su *nivolista* y su lector. Ya que Augusto no puede convertir a Eugenia en proyección de sus propios ideales (su voluntad de macho es tan impotente como la del Higgins de G.B. Shaw), su persona alegorizada no es capaz de contrapesar los riesgos fatales que son el inevitable resultado del juego ontológico fomentado en él por el amigo ajedrecista-*nivolista*. Como revela el autógrafo de *Niebla*, Unamuno intuía de antemano que Augusto fracasaría en su intentada seducción de/fusión con Eugenia y Rosario y en su intento de invertir los papeles de personaje y *nivolista*. (No podía ser de otra manera dados los antecedentes pesimistas—los textos de Galdós, Strindberg y Shaw—de la obra.) Lo que el autor, tal como se revela en el autógrafo, no sabía era el orden de la concatenación de eventos que posibilitaría este previsto—pero todavía no enteramente cierto—fracaso, y estas dudas respondían a inseguridades unamunianas con respecto a la verdadera identidad y motivos del plenamente ficticio (Víctor lo subraya una y otra vez) Augusto. Estos son problemas que Unamuno tendría que solucionar mediante la composición y re-escritura de su obra, una re-escritura en la cual una proliferación de paratextos a la G.B. Shaw y Schopenhauer, además de otros cambios insertos en el texto de la obra, subrayarían que la *nivola* es un proceso epistemológico que no renuncia a sus metas científico-espirituales aunque sus personajes y narradores no saquen provecho de sus propias experiencias y vuelos imaginativos.

Como enseña *Cómo se hace una novela* trece años después, la verdadera *nivola*, la *nivola* por excelencia, no es otra que el manuscrito, reflejo cambiante a su vez de su escritor y de todos los textos que tienen o tendrán resonancia en él. (Para Unamuno lo mejor de *Fortunata y Jacinta* serían tanto sus variantes guardadas en los archivos de la Biblioteca Harvard como su distinta percepción crítica a lo largo de los años, es decir la serie de estructuras cambiantes que Unamuno trataba de intuir y aislar en *Niebla*.) A fin de cuentas, desde *Fortunata, La señorita Julia* y *Pygmalion* hasta *Niebla* y *Bodas de sangre* lo que importa es el caleidoscopio de la reconfiguración, el acusado absurdo de plasmar una visión eterna y eternizante del ser humano en el acto de configurarse duradero una vez más.

Obras citadas

Alas, Leopoldo (Clarín). Vol. I de *Obras Completas*. Madrid: Renacimiento, 1912.

Alvarez Villar, Julián. *Salamanca*. 2ª ed. León: Everest, 1970.

Anderson, Andrew. "¿De qué trata *Bodas de sangre*?" *Hommage/ Homenaje a Federico García Lorca*. Toulouse: Université de Toulouse-Le Mirail, 1982. 53-64.

Ayala, Francisco. "El arte de novelar en Unamuno." *La Torre* 9.35-36 (1961): 329-59.

Bachelard, Gastón. *The Poetics of Space*. Trad. Maria Jolas 1964. Boston: Beacon, 1969.

Berkowitz, H. Chonon. "Unamuno's Relations with Galdós." *Hispanic Review* 8 (1940): 321-38.

Boudreau, H.L. "Rewriting Galdós Rewriting Unamuno." *Bucknell Review* 39.2 (1996): 23-41

Bousoño, Carlos. *El irracionalismo poético (el símbolo)*. Madrid: Gredos, 1977.

Carabias, Josefina. *Cómo yo los he visto: Encuentros con Valle-Inclán, Unamuno, Baroja, Marañón, Pastora Imperio, Ramiro de Maeztu, y Belmonte*. Madrid: El País/Aguilar, 1999.

Cassou, Jean. *Picasso*. Trad. Mary Chamot. Nueva York: Hyperion, 1940.

Cerezo Galán, Pedro. *Las máscaras de lo trágico. Filosofía y tragedia en Miguel de Unamuno*. Madrid: Trotta, 1996.

Charnon-Deutsch, Lou. "The Pygmalion Effect in the Fiction of Pérez Galdós." *A Sesquicentennial Tribute to Galdós, 1843- 1993*. Ed. Linda Willem. Newark, DE: Juan de la Cuesta, 1993. 173-89.

Criado Miguel, Isabel. *Las novelas de Unamuno: estudio formal y crítico.* Salamanca: Ediciones Universidad de Salamanca, 1986.

Culler, Jonathan. *Framing the Sign: Criticism and Its Institutions.* Norman: U of Oklahoma P, 1988.

Díaz, Elías. *Revisión de Unamuno: Análisis crítico de su pensamiento político.* Madrid: Tecnos, 1968.

Dirección General de Bellas Artes. Ministerio de Educación y Ciencia. *Arte español del siglo XIX: Salas del Museo del Prado en el Casón del Buen Retiro.* Madrid: Museo del Prado, 1971.

Du Gué Trapier, Elizabeth. *Catalogue of Paintings (19th and 20th Centuries) in the Collection of the Hispanic Society of America.* Vol. I. Nueva York: Trustees of the Hispanic Society of America, 1932. 2 vols.

Earle, Peter. *Unamuno and English Literature.* Nueva York: Hispanic Institute in the United States, 1960.

Esteban de Vega, M. et al. *Salamanca, 1900-1936. La transformación de una ciudad.* Salamanca: Excma. Diputación Provincial, 1992.

Feal Deibe, Carlos. *Unamuno, "El otro" y Don Juan.* Madrid: Cupsa, 1976.

Franz, Thomas R. "Augusto's Mysterious Travel Plans in *Niebla.*" *Hispanic Journal* 20 (1999): 81-95.

———. "The Discourse of Class in *Niebla.*" *Revista de Estudios Hispánicos* 29 (1995): 521-39.

———. "*Niebla*: Infinite Authors/Infinite Fictions." *Occasional Papers on Language, Literature and Linguistics.* Serie A, No. 33 (1987): 1-12.

———. "El sentido de humor y adquisición de autoconciencia *Niebla.*" *Cuadernos de la Cátedra Miguel de Unamuno.* 23 (1973): 5-25.

Freud, Sigmund. *A General Introduction to Psychoanalysis.* Trad. Joan Rivierre. Ed. revisada. Nueva York: Washington Square, 1960.

García Blanco, Manuel. "*Amor y pedagogía,* nivola unamuniana." *La Torre* 10 (1961): 443-78.

García Lorca, Federico. *Bodas de sangre.* 5ª ed. Buenos Aires, Losada, 1964.

García Morejón, Julio. *Unamuno y Portugal.* 2ª ed. corregida y aumentada. Madrid: Gredos, 1971.

Genette, Gérard. *Paratexts: Thresholds of Interpretation.* Trad. Jane E. Lewin. Cambridge, Inglaterra: Cambridge UP, 1997.

Gibson, Ian. *Vida, pasión y muerte de Federico García Lorca, 1898-1936.* Trad. Ian Gibson. 3ª ed. Barcelona: Plaza y Janés, 1998.

Gómez Molleda, Dolores, ed. *Volumen-Homenaje a Miguel de Unamuno.* Salamanca: Casa-Museo Unamuno, 1986.

González Egido, Luciano. *Salamanca, la gran metáfora de Unamuno.* Salamanca: Ediciones Universidad de Salamanca, 1983.

Gullón, Germán. Introducción. *Niebla.* De Miguel de Unamuno. 23ª ed. Madrid: Espasa-Calpe, 1990. 9-32.

Gullón, Ricardo. *Técnicas de Galdós.* Madrid: Taurus, 1970.

Holquist, Michael. Glosario. *The Dialogic Imagination: Four Essays by M.M. Bakhtin.* Trad. Caryl Emerson y Michael Holquist. Ed. Michael Holquist. Austin: U of Texas P, 1981. 423-34.

Huggett, Richard. *The Truth About Pygmalion."* Londres: Heinemann, 1969.

Jagoe, Catherine. "Krausism and the Pygmalion Motif in Galdós's *La familia de León Roch.*" *Romance Quarterly* 39 (1992): 41-52.

Johnson, Roberta. "Hunger and Desire: The Origins of Knowledge in *Niebla.*" Maraval-McNair 93-98.

Jones, Ernest. "The Psychopathology of Anxiety." *Papers on Psychoanalysis.* 5ª ed. 1948. Boston: Beacon, 1961. 294-303.

Josephs, Allen y Juan Caballero. Introducción. *Bodas de Sangre.* De Federico García Lorca. 11ª ed. Madrid: Cátedra, 1996. 11-80.

Jung, Carl Gustav. *The Structure and Dynamics of the Psyche.* Vol. VIII de *The Collected Works of C.G. Jung.* Trad. R.F.C. Hull. 2ª ed. 17 vols. Princeton: Princeton UP, 1969.

Jurkevich, Gayana. "Anecdotal Digressions: Practical Joking and Narrative Structure in *Niebla.*" *Revista Hispánica Moderna* 45 (1992): 3-14

———. "Double Voices and Forking Paths: Baroja's *Camino de perfección.*" *Symposium* 66 (1992): 209-24.

———. *The Elusive Self: Archetypal Approaches to the Novels of Miguel de Unamuno.* Columbia: U of Missouri P, 1991.

Karnick. Manfred. "Strindberg and the Tradition of Modernity: Structure of Drama and Experience." *Strindberg's Dramaturgy.* Ed. Göran Stockenström. Minneapoplis: U of Minnesota P, 1988. 60-74.

Kent, Conrad. "Los espacios públicos de Salamanca." Kent, *Visiones salmantinas (1898/ 1998)*. 139-55

——. *La Plaza Mayor de Salamanca: historia fotográfica de un espacio público*. Salamanca: Junta de Castilla y León, Exmo. Ayuntamiento de Salamanca, 1998.

Kent, Conrad y María Dolores de la Calle, eds. *Visiones salmantinas (1898/1998)*. Salamanca: U de Salamanca, 1998.

Kronik, John. "Galdosian Reflections: Feijoo and the Fabrication of Fortunata." *MLN* 97 (1982): 272-310.

La Rubia Prado, Francisco. *Alegorías de la voluntad: pensamiento orgánico, retórica y deconstrucción en la obra de Miguel de Unamuno*. Madrid: Libertarias/Prodhufi, 1996.

Leach, Edmund. *Claude Lévi-Strauss*. Nueva York: Viking, 1970.

Lagercrantz, Olof. *August Strindberg*. Trad. Anselm Hollo. Londres: Faber, 1984

Magill, Frank N., ed. *Masterpieces of World Literature*. Nueva York: Harper, 1989.

Malcolmson, Patricia E. *English Laundresses: A Social History, 1850-1930*. Urbana: U of Illinois P, 1986.

Marías, Julián. *Miguel de Unamuno*. Madrid: Espasa-Calpe, 1943.

Marichal, Juan. "Unamuno y su 'conquista de Europa'." Kent y de la Calle 13-20.

Marval-McNair, Nora de, ed. *Selected Proceedings of the "Singularidad y trascendencia" Conference Held at Hofstra University, November 6, 7, 8, 1986*. Boulder: Society of Spanish and Spanish-American Studies, 1990.

Miguel, Amando de. *El sexo de nuestros abuelos*. Madrid: Espasa- Calpe, 1998.

Morón Arroyo, Ciriaco. Introducción. *Tres novelas ejemplares y un prólogo*. De Miguel de Unamuno. 21ª ed. Madrid: Espasa-Calpe, 1997. 9-35.

Vol. 542 de *The National Union Catalogue: Pre-1956 Imprints* [NUC]. Londres: Mansell, 1968-1980. 685 vols.

Navajas, Gonzalo. *Miguel de Unamuno: bipolaridad y síntesis ficcional. Una lectura posmoderna*. Barcelona: PPU, 1988.

Nozick, Martin. *Miguel de Unamuno: The Agony of Belief*. Princeton:

Princeton UP, 1982.
———. Notas para el vol. V de *The Selected Works of Miguel de Unamuno*. Princeton: Princeton UP, 1974. 243-86. 7 vols.
Nuez, Sebastián de la y José Schraibman. *Cartas del Archivo de Pérez Galdós*. Madrid: Taurus, 1967.
Olson, Paul. "Sobre las estructuras de *Niebla*." Gómez-Molleda. 423-34.
———. *Unamuno: "Niebla."* Critical Guides to Spanish Texts 40. Londres: Grant and Cutler, 1984.
Orringer, Nelson. *Angel Ganivet (1865-1898): la inteligencia escindida*. Madrid: Ediciones del Orto, 1998.
Ortiz-Armengol, Pedro. "La opinión de Unamuno sobre *Fortunata y Jacinta*." *Textos y contextos de Galdós*. Eds. John W. Kronik y Harriet S. Turner. Madrid: Castalia, 1994. 135-40.
———. *Vida de Galdós*. Barcelona: Crítica, 2000.
Ouimette, Víctor. *Reason Aflame: Unamuno and the Heroic Will*. New Haven: Yale UP, 1974.
Øveraas, Anne Marie. *Nivola contra novela*. Salamanca: Ediciones U de Salamanca, 1993.
Palomo, Pilar. "La estructura orgánica de *Niebla*: nueva aproximación." Gómez Molleda 457-63.
Parker, Alexander A. "On the Interpretation of *Niebla*." *Unamuno: Creator and Creation*. Eds. José Rubia Barcia y M. A. Zeitlin. Berkeley: U of California P, 1967.
Pérez, Janet. "Rhetorical Integration in Unamuno's *Niebla*." *Revista Canadiense de Estudios Hispánicos* 8 (1983): 49-73.
Pérez de la Dehesa, Rafael. *Política y sociedad en el primer Unamuno: 1894-1904*. Madrid: Ciencia Nueva, 1966.
Pérez Galdós, Benito. *Fortunata y Jacinta*. Vol. V de *Obras Completas*. Ed. Federico Carlos Sáinz de Robles. 4ª ed. Madrid: Aguilar, 1965. 6 tomos. 13-548.
Rabadé, Jean-Claude. *1900 en Salamanca: guerra y paz en la Salamanca del joven Unamuno*. Salamanca: Ediciones Universidad de Salamanca, 1997.
Ribbans, Geoffrey. *Conflicts and Conciliations: The Evolution of Galdós's "Fortunata y Jacinta."* West Lafayette: Purdue UP, 1997.

———. *Niebla y soledad: aspectos de Unamuno y Machado.* Biblioteca Románica Hispánica. Madrid: Gredos, 1971.

———. "Tragic Vision in Unamuno, Valle-Inclán and García Lorca." Marval-McNair 11-25.

Robbins, Bruce. *The Servant's Hand: English Fiction From Below.* Nueva York: Columbia UP, 1986.

Robles, Laureano. Introducción. *Nuevo mundo.* De Miguel de Unamuno. Madrid: Trotta, 1994. 9-40.

Roemer, Michael. *Telling Stories: Postmodernism and the Invalidation of Traditional Narrative.* Latham, MD: Rowman and Littlefield, 1995.

Roll-Hansen, Diderik. "Shaw's *Pygmalion*: The Two Versions of 1916 and 1941." *A Review of English Literature* 8 (1967): 81-90.

Rueda, Ana. *Pigmalión y Galatea: Refraciones modernas de un mito.* Espiral Hispanoamericana. Madrid: Fundamentos, 1998.

Santos Torroella, Rafael. *Salamanca.* Barcelona: Noguer, 1958.

Sainero Sánchez, Ramón. *Lorca y Synge: ¿un mundo maldito?*. Madrid: Universidad Complutense, 1983.

Salcedo, Emilio. *Vida de don Miguel.* Salamanca: Anaya, 1964.

Schraibman, José. "Galdós y Unamuno." *Spanish Thought and Letters in the Twentieth Century.* Eds. Germán Bleiberg e I. Inman Fox. Nashville: Vanderbilt UP, 1966. 451-82.

Sena, Enrique de. "Salamanca y don Miguel." *El tiempo de Miguel de Unamuno y Salamanca.* Salamanca: Ediciones Universidad de Salamanca, 1998. 18-55.

Shaw, George Bernard. *"John Bull's Other Island" and "Major Barbara."* Londres: Constable, 1907.

———. *Man and Superman. A Comedy and a Philosophy.* Londres: Archibald Constable, 1906.

———. Vol. II de *Plays Pleasant and Unpleasant.* Londres: Archibald Constable, 1906. 2 vols.

———. *Pygmalion.* Vol. IV de *The Bodley Head Bernard Shaw: The Collected Works with Their Prefaces.* Londres: Max Reinhardt, 1972. 655-798. 9 vols.

Shumway, David R. *Michel Foucault.* Charlottesville: U of Virginia P, 1989.

Smoot, Jean A. *A Comparison of Plays by John Millington Synge and Federico García Lorca. The Poets and Time.* Madrid: José Porrúa Turranzas, 1978.

Sotelo Vázquez, José. "Miguel de Unamuno y la génesis del *Romancero gitano.*" *Cuadernos Hispanoaméricanos* 433-34 (1986): 199-210.

Spires, Robert C. "Fiction on a Palimpsest: *Niebla.*" *Beyond the Metafictional Mode: Directions in the Modern Spanish Novel.* Lexington: UP of Kentucky, 1984. 33-44.

Standish, Peter. "Pirandello, Pygmalion and Spain." *Revue de Littérature Comparée*: 47 (1973): 327-37.

Starkie, Walter. "Epilogue." *Unamuno: Creator and Creation.* Eds. José Rubia Barcia y M.A. Zeitlin. Berkeley: U of California P, 1967. 234-41.

Stevens, Harriet S. "Las novelitas intercaladas en *Niebla.*" *Insula* 16.170 (1961): 1.

Stevens, Harriet S. y Ricardo Gullón. Introducción. *Niebla.* De Miguel de Unamuno. Madrid: Taurus, 1965. 7-46

Strindberg, August. *Miss Julie. "Miss Julie" and Other Plays.* Trad. Michael Robinson. Oxford, Inglaterra: Oxford UP, 1998. 55- 110.

Thomson, Belinda y Michael Howard. *Impressionism.* 1988. Nueva York: Smithmark, 1992.

Ulmer, Gregory. *The Legend of Herostratus: Existential Envy in Rousseau and Unamuno.* University of Florida Humanities Monograph 45. Gainesville: UP of Florida, 1977.

Unamuno, Miguel de. *Amor y pedagogía.* 8ª ed. Madrid: Espasa Calpe, 1964.

———. *Cancionero.* Vol. III de *Poesía Completa.* Ed. Ana Suárez Miramón. Madrid: Alianza, 1987-1989. 4 vols. 71-757.

———. *Del sentimiento trágico de la vida.* Vol. II de *Ensayos.* 725-1022

———. Vol. II de *Ensayos.* Ed. Bernardo G. de Candamo. 7ª ed. Madrid: Aguilar, 1967. 2 tomos.

———. Vol. I de *Epistolario inédito.* Ed. Laureano Robles. Madrid: Espasa Calpe, 1991. 2 tomos.

———. *Niebla.* 10ª ed. Madrid: Espasa-Calpe, 1963.

———. *Nuevo mundo.* Ed. Laureano Robles. Madrid: Trotta, 1994.

———. *Obras Completas.* Ed. Manuel García Blanco. Madrid: Escelicer,

1968-1971. 9 vols.

———. *Tres novelas ejemplares y un prólogo*. 10ª ed. Madrid: Espasa-Calpe, 1961.

Unamuno, Miguel de, et al. *Epistolario a Clarín*. Ed. Adolfo Alas. Madrid: Escorial, 1941.

Valdés, Mario J. Introducción. *Niebla*. De Miguel de Unamuno. 14ª ed. Madrid: Cátedra, 1998. 9-69.

Valdés Mario J. y María Elena de Valdés. *An Unamuno Source Book*. Toronto: U of Toronto P, 1973.

Van Den Abbeele, Georges. *Travel as Metaphor: From Montaigne to Rousseau*. Minneapolis: U of Minnesota P, 1992.

Vilar, Pierre. *Historia de España*. Trad. Manuel Tuñón de Lara y Jesús Suso Soria. Barcelona: Crítica, 1978.

Walsh, John. K. "A Genesis for García Lorca's *Bodas de sangre*." *Hispania* 74 (1991): 255-61.

Weintraub, Stanley y John I.M. Stewart. "Shaw, George Bernard." Vol. X de *Encyclopedia Britannica: Micropedia*. 15ª ed. 1997. 706-08.

Zavala, Irís. *Unamuno y el pensamiento dialógico: M. de Unamuno y M. Bajtin*. Barcelona: Anthropos, 1991.

Zubizarreta, Armando F. Introducción, Nota previa, notas textuales. *Niebla*. De Miguel de Unamuno. Madrid: Castalia, 1995. 7-96.